ABOUT THE AUTHORS

Protase E. Woodford

Mr. Woodford was Director of the Foreign Languages Department, Test Development, Schools and Higher Education Programs Division, Educational Testing Service, Princeton, New Jersey. He has taught Spanish at all academic levels. He has also served as Department Chairman in New Jersey high schools and as a member of the College Board Spanish Test Committee, the Board of Directors of the Northeast Conference on the Teaching of Foreign Languages, and the Governor's Task Force on Foreign Languages and Bilingual Education (NJ). He has worked extensively with Latin American, Middle Eastern, and Asian ministries of education in the areas of tests and measurements and has served as a consultant to the United Nations, the Third World Bank, and numerous state and federal government agencies. He was Distinguished Visiting Linguist at the United States Naval Academy in Annapolis (1987-88) and Visiting Professor at the Fundación José Ortega y Gasset in Gijón, Spain (1986). Mr. Woodford is the author of many high school and college foreign language textbooks, including the communicating titles in Schaum's Foreign Language Series. He has traveled extensively throughout Spain, Mexico, the Caribbean, Central America, South America, Europe, Asia, and the Middle East.

Conrad J. Schmitt

Mr. Schmitt was Editor-in-Chief of Foreign Language, ESL, and Bilingual Publishing with McGraw-Hill Book Company. Prior to joining McGraw-Hill, Mr. Schmitt taught languages at all levels of instruction from elementary school through college. He has taught Spanish at Montclair State College, Upper Montclair, New Jersey; French at Upsala College, East Orange, New Jersey; and Methods of Teaching a Foreign Language at the Graduate School of Education, Rutgers University, New Brunswick, New Jersey. He also served as Coordinator of Foreign Languages for the Hackensack, New Jersey, Public Schools. Mr. Schmitt is the author of many foreign language books at all levels of instruction, including the communicating titles in Schaum's Foreign Language Series. He has traveled extensively throughout Spain, Mexico, the Caribbean, Central America, and South America. He presently devotes his full time to writing, lecturing, and teaching.

PREFACE

The purpose of this book is to provide the reader with the vocabulary needed to discuss the fields of Sociology and Social Services in Spanish. It is intended for the person who has a basic background in the Spanish language and who wishes to be able to converse in this language in his or her field of expertise. The book is divided into two parts—Part One, Sociology and Part Two, Social Services. The content of each chapter focuses on a major area or topic relative to each of these fields. The authors wish to stress that it is not the intent of the book to teach Sociology or Social Services. The intent of the book is to teach the lexicon or vocabulary needed to discuss the fields of Sociology and Social Services in Spanish. It is assumed that the reader has learned about these fields either through college study or work experience.

The specific field-related vocabulary presented in this book is not found in basic language textbooks. This book can be used as a text in a specialized Spanish course for Sociology and Social Services. The book can also be used by students studying a basic course in Spanish who want to supplement their knowledge of the language by enriching their vocabulary in their own field of interest or expertise. This adds a useful dimension to language learning. It makes the language a valuable tool in the modern world of international communications and commerce. Since the gender of nouns related to professions in the romance languages involves grammatical changes that are sometimes quite complicated, we have, for the sake of simplicity, used the generic **el** form of nouns dealing with professions.

Using the Book

If a student uses the book on his or her own in some form of individualized study or leisurely reading, the following procedures are recommended to obtain maximum benefit from the book.

Since the specific type of vocabulary used in this book is not introduced in regular texts, you will encounter many unfamiliar words. Do not be discouraged. Many of the words are cognates. A cognate is a word that looks and may mean the same in both Spanish and English but is, in most cases, pronounced differently. Examples of cognates are **la socialización** and **la cultura.** You should be able to guess their meaning without difficulty, which will simplify your task of acquiring a new lexicon.

Before reading the chapter, proceed to the exercises that follow the reading. First, read the list of cognates that appear in the chapter. This cognate list is the first exercise of each chapter. Then look at the cognate exercises to familiarize yourself with them.

Continue by looking at the matching lists of English words and their Spanish equivalents. These matching lists present words that are not cognates, that is, those words that have no resemblance to one another in the two languages. Look at the English list only. The first time you look at this exercise you will not be able to determine the Spanish equivalent. The purpose of looking at the English list is to make you aware of the specific type of vocabulary you will find in reading the chapter. After having looked at the English list, read the Spanish list; do not try to match the English-Spanish equivalents yet.

After you have reviewed the cognates and the lists of English words, read the chapter quickly. Guess the meanings of words through the context of the sentence. After having read the chapter once, you may wish to read it again quickly.

After you have read the chapter once or twice, attempt to do the exercises. Read the chapter once again, then complete those exercises you were not able to do on the first try. If you cannot complete an exercise, check the answer in the Answer Key in the Appendix. Remember that the exercises are in the book to help you learn and use the words; their purpose is not to test you.

After going over the exercises a second time, read the chapter again. It is not necessary for you to retain all the words; most likely, you will not be able to. However, you will encounter many of the same words again in subsequent chapters. By the time you have finished the book, you will retain and be familiar with enough words to enable you to discuss the fields of Sociology and Social Services in Spanish with a moderate degree of ease.

If there is a reason for you to become expert in carrying on sociological or social service discussions in Spanish, it is recommended that you reread the book frequently. It is more advantageous to read and expose yourself to the same material often. Do not attempt to study a particular chapter arduously until you have mastered it. In language acquisition, constant reinforcement is more beneficial than tedious, short-term scrutiny.

In addition to the vocabulary exercises, there is a series of comprehension exercises in each chapter. These comprehension exercises will provide you with an opportunity to discuss on your own sociological and social service matters and enable you to use the new vocabulary you just learned.

If you are interested in fields other than Sociology and Social Services, you will find, on the back cover of this book, a complete list of the titles and the fields available to you.

CONTENTS

Schaum's Foreign Language Series

SOCIOLOGIA
Y
SERVICIOS SOCIALES

LECTURAS Y VOCABULARIO

EN ESPAÑOL

Protase E. Woodford

Conrad J. Schmitt

McGraw-Hill, Inc.

*New York   St. Louis   San Francisco   Auckland
Bogotá   Caracas   Lisbon   London   Madrid   Mexico   Milan
Montreal   New Delhi   Paris   San Juan   Singapore
Sydney   Tokyo   Toronto*

Sponsoring Editors: John Aliano, Meg Tobin
Production Supervisor: Kathy Porzio
Editing Supervisor: Patty Andrews
Cover Design: Wanda Siedlecka
Cover Illustration: Jane Sterrett
Text Design and Composition: Suzanne Shetler/Literary Graphics
Printer and Binder: R.R. Donnelley and Sons Company

SOCIOLOGIA Y SERVICIOS SOCIALES

1 2 3 4 5 6 7 8 9 10 11 12 13 14 15 DOC DOC 9 8 7 6 5 4 3 2

ISBN 0-07-056817-0

Library of Congress Cataloging-in-Publication Data
Woodford, Protase E.
  Sociología y servicios sociales : lecturas y vocabulario en español /
  Protase E. Woodford, Conrad J. Schmitt.
      p.   cm.—(Schaum's foreign language series)
  Includes index.
  ISBN 0-07-056817-0
  1. Spanish language—Readers—Sociology.   2. Sociology.
  I. Schmitt, Conrad J.   II. Title.   III. Series.
    PC4127.S63W65   1993
  468.6'421'024309—dc20   91-30760
                                                              CIP

Primera parte
SOCIOLOGIA

Capítulo 1
¿QUE ES LA SOCIOLOGIA?

La sociología es el estudio científico de la sociedad y, especialmente, el estudio de la organización humana. Es un estudio sistemático del comportamiento social. Estudia las interacciones de personas, individual y colectivamente, como miembros de grupos e instituciones. Y estudia como estas interacciones se relacionan con la cultura y la estructura social de una sociedad.

Porque los humanos pasan gran parte de la vida en grupos, se relacionan unos con otros de distintas formas: como familia; como vecinos de un barrio o pueblo; como miembros de determinado grupo social, económico, religioso o étnico; y como ciudadanos de una nación. Hasta cuando no están conscientes de pertenecer a un grupo, su comportamiento se determina, por lo menos en parte, por el hecho de ser miembro del grupo. El pertenecer a un grupo influye en las costumbres de los miembros, en sus creencias y valores, hasta en lo que comen y la ropa que llevan.

La importancia de la sociología

La sociología tiene un papel importante en la sociedad moderna, porque ayuda a predecir y controlar el comportamiento. Los gobiernos dependen de los sociólogos para ayudar a formular programas para el futuro. Los pronósticos de las tendencias en el comportamiento de grupos son importantes para determinar la política social.

La sociología también nos provee una manera de observar, racional y objetivamente, la sociedad en que vivimos y de comprender a fondo lo que motiva e influye en el comportamiento de grupos e individuos.

Macrosociología y microsociología

Como indica su nombre, la macrosociología estudia los fenómenos a gran escala y conceptos tales como el Estado, la familia, la cultura y la sociedad. Un estudio sobre la influencia de la tecnología sobre la fuerza laboral sería un ejemplo de macrosociología.

La microsociología emplea el estudio detallado de determinadas personas, momento por momento, en su vida diaria. Estudia y registra lo que hacen y lo que dicen. Observa de cerca sus interacciones con otros individuos y con las instituciones sociales.

Las perspectivas de la sociología

Existen tres perspectivas sociológicas importantes: la funcionalista, la conflictiva y la interaccionista.

La funcionalista La perspectiva funcionalista enfoca en la manera en que las sociedades se estructuran para mantener su estabilidad. Considera una sociedad como un organismo en el que cada parte contribuye a su existencia.

La conflictiva La perspectiva conflictiva mantiene que el comportamiento social se comprende mejor en términos de tensión o conflicto entre grupos competitivos. Para la perspectiva conflictiva, el mundo social está en constante contienda. La contienda no tiene que ser violenta. Ejemplos de contienda son las luchas entre partidos políticos, las negociaciones laborales y los desacuerdos sobre programas gubernamentales. Carlos Marx consideraba que la lucha entre clases sociales era inevitable. Otros sociólogos consideran que el conflicto no es sólo un fenómeno de clases, sino parte de la vida diaria de todas las sociedades. Ellos estudian los conflictos entre hombres y mujeres, la ciudad y el campo, padres e hijos, etc.

La interaccionista La perspectiva interaccionista se interesa en el estudio de las interacciones sociales a un «micronivel». Los interaccionistas estudian las interacciones entre individuos, dentro de una familia u otro grupo pequeño. Basándose en las observaciones a nivel de individuo o pequeño grupo, los interaccionistas tratan de derivar generalizaciones que expliquen los comportamientos tanto a micro como a macronivel.

Los sociólogos contemporáneos emplean las tres perspectivas cuando estudian el comportamiento humano porque cada una les ofrece otra manera de interpretar el mismo problema.

Método científico de investigación

La sociología es una de las ciencias sociales. Y como ciencia, emplea el método científico para llevar a cabo[1] las investigaciones. Los pasos a seguir en el método científico generalmente son los siguientes.

• formular el problema a investigar
• estudiar la literatura
• formular una hipótesis
• planear la estructura de la investigación
• reunir los datos
• analizar los datos
• formular las conclusiones

Las técnicas de investigación

Dentro del método científico existen unas cuantas técnicas de investigación que se emplean según el tipo de estudio. Entre ellas están el experimento, la observación y la encuesta.

---

[1]*carry out*

El experimento En la vida real, varias cosas ocurren a la vez, y por lo tanto es difícil determinar lo que es causa y efecto. Por eso es necesario controlar todas las variables en un experimento excepto la variable independiente.

En los experimentos sociológicos se dividen a los sujetos en un grupo de control y en uno o más grupos experimentales. El grupo de control provee una base de comparación. Los miembros del grupo de control se someten a la misma situación que el grupo experimental. Para los grupos experimentales, la variable independiente se manipula de diferentes formas. Las respuestas del grupo de control y las de los grupos experimentales se comparan. En base a la comparación de estas respuestas, los sociólogos llegan a algunas conclusiones sobre el efecto que tiene la manipulación de la variable independiente. Los experimentos se llevan a cabo tanto en el laboratorio como en el terreno.

La observación En el experimento, el sociólogo manipula una de las variables. En la observación, el sociólogo se limita a observar y registrar el comportamiento de los sujetos. Esto se hace de dos maneras, con la interactuación del investigador o sin ella.

Dos metodologías que se emplean en la observación son la metodología cualitativa y la metodología cuantitativa. En la primera se trata de comprender el comportamiento sin tratar de medirla con precisión. La metodología cuantitativa trata de comprender el comportamiento contando cada una de sus manifestaciones. En ambos casos, el investigador trata de registrar sus observaciones sistemáticamente.

La encuesta La encuesta es la reunión de información por medio de preguntas hechas a un grupo específico de personas. Hay dos tipos de encuestas: la entrevista y el cuestionario. En la entrevista, una persona le hace preguntas a otra y anota las respuestas. La entrevista puede ser estructurada—a cada entrevistado se le hace la misma serie de preguntas—o no estructurada, que es más flexible pero muchas veces da respuestas difíciles de comparar. En el cuestionario, las preguntas aparecen impresas[2] y la persona lee y contesta las preguntas independientemente.

La muestra Porque es casi siempre imposible comunicarse con todos los miembros de un grupo, los sociólogos se valen de[3] una muestra. Escogen a algunos individuos que son representativos de un grupo mayor. La mejor manera de asegurar que son representativos es con una muestra al azar, en la que cada individuo en la población tiene igual probabilidad de ser escogido. Si se prefiere mayor precisión, se puede usar una muestra estratificada. En esta muestra se agrupa a la población en subgrupos según características consideradas importantes—edad, sexo, grupo étnico, nivel socioeconómico—y entonces se selecciona una muestra al azar de cada uno de los grupos.

Lo más importante es mantener siempre la objetividad y neutralidad en toda investigación científica, en la sociología como en cualquiera de las ciencias naturales o sociales.

---

[2]*written, printed*   [3]*use*

ESTUDIO DE PALABRAS

Ejercicio 1   Study the following cognates that appear in this chapter.

la sociología	la hipótesis	interaccionista
el estudio	la literatura	cualitativo
la sociedad	la conclusión	competitivo
la organización	la técnica	violento
la interacción	el experimento	laboral
la persona	la causa	gubernamental
el miembro	el efecto	inevitable
el grupo	la variable	contemporáneo
la institución	la comparación	independiente
la cultura	el laboratorio	sociológico
la estructura	la interactuación	experimental
la forma	el investigador	cuantitativo
la familia	la metodología	específico
la nación	la manifestación	flexible
la influencia	el cuestionario	representativo
la importancia	la serie	socioeconómico
el gobierno	la población	
el sociólogo	el subgrupo	relacionarse
el programa	el sexo	influir (la influencia)
el futuro	la objetividad	controlar
la tendencia	la neutralidad	depender
la macrosociología		formular
la microsociología	científico	proveer (la provisión)
el fenómeno	humano	observar
el concepto	sistemático	motivar
la tecnología	social	enfocar
la perspectiva	individual	mantener
la estabilidad	colectivo	derivar
el organismo	económico	explicar
la existencia	religioso	interpretar
la tensión	técnico	analizar
el conflicto	étnico	manipular
la negociación	consciente	registrar
la clase	racional	anotar
la generalización	objetivo	agrupar
la ciencia	funcionalista	seleccionar
el método	conflictivo	

Ejercicio 2   Complete each expression with the appropriate word(s).

1. social sciences   las ciencias _____
2. scientific study   el _____ científico

3. systematic study   el estudio _____
4. social behavior   el comportamiento _____
5. group member   el _____ del grupo
6. social structure   la _____ social
7. ethnic group   el grupo _____
8. socioeconomic level   el nivel _____
9. social policy   la política _____
10. social institution   la _____ social
11. sociological perspectives   las perspectivas _____
12. social world   el mundo _____
13. competitive group   el _____ competitivo
14. labor negotiations   las _____ laborales
15. government program   el programa _____
16. social class   la _____ social
17. human behavior   el comportamiento _____
18. cause and effect   causa y _____
19. investigation techniques   las _____ de investigación
20. scientific method   el método _____
21. sociological experiment   el experimento _____
22. control group   el grupo de _____
23. experimental group   el _____ experimental
24. representative individuals   los individuos _____

Ejercicio 3   Select the appropriate word(s) to complete each statement.

1. Las luchas, las batallas, los desacuerdos y las contiendas son todos ejemplos de _____.
    a. conceptos   b. conflictos   c. programas
2. Las escuelas, las iglesias, etc., son _____.
    a. sociedades   b. costumbres   c. instituciones
3. Un número de individuos o personas forma _____.
    a. un grupo   b. una base   c. un estado
4. Muchos conflictos pueden ser _____.
    a. flexibles   b. estructurados   c. violentos
5. _____ pueden resolver los conflictos.
    a. Los experimentos   b. Las negociaciones   c. Las conclusiones
6. En una investigación sociológica científica hay que analizar todos los datos antes de llegar a _____.
    a. un concepto   b. una conclusión   c. una tendencia
7. La _____ del gobierno es muy importante.
    a. estabilidad   b. técnica   c. interactuación
8. Los sociólogos hacen muchos _____.
    a. experimentos   b. métodos   c. efectos

Ejercicio 4   Match the word in Column A with its definition in Column B.

A	B
1. el método	a. de todos
2. contemporáneo	b. lo que resulta de algo
3. analizar	c. la idea
4. el efecto	d. la manera en que se hace algo
5. la variable	e. lo que cambia
6. el laboratorio	f. de hoy
7. la población	g. no tener una opinión negativa ni
8. agrupar	positiva
9. la neutralidad	h. estudiar minuciosa y detalladamente
10. el concepto	i. el lugar donde se hacen experimentos
11. proveer	j. dar
12. colectivo	k. el número de habitantes
13. individual	l. reunirse en grupos
	m. de uno

Ejercicio 5   Match the word in Column A with its opposite in Column B.

A	B
1. motivar	a. el individuo
2. relacionarse	b. desanimar
3. el grupo	c. subjetivo
4. individual	d. separarse
5. el futuro	e. la especificación
6. objetivo	f. colectivo
7. el efecto	g. el pasado
8. la generalización	h. la causa

Ejercicio 6   Match the English word or expression in Column A with its Spanish equivalent in Column B.

A	B
1. neighbor	a. la costumbre
2. neighborhood	b. el valor
3. citizen	c. la creencia
4. to belong	d. el vecino
5. behavior	e. el barrio
6. custom	f. medir
7. belief	g. el ciudadano
8. value	h. la respuesta
9. level	i. pertenecer
10. data	j. la entrevista
11. random sample	k. los datos
12. to measure	l. el comportamiento
13. poll, survey	m. la muestra al (por) azar
14. interview	n. la encuesta
15. answer	o. el nivel

Ejercicio 7   Complete each statement with the appropriate word(s).
1. Cada ciudad tiene _____.
2. Los _____ viven en el mismo barrio.
3. Todos los individuos _____ a un grupo u otro.
4. Cada religión tiene sus _____.
5. Cada individuo debe tener _____ morales y éticos.
6. Cada cultura o sociedad tiene sus _____, como por ejemplo, la comida, la ropa, las fiestas.
7. La persona, el _____ humano, es algo muy complicado.
8. El _____ de vida varía de un país a otro. El _____ de vida varía también dentro del mismo país según la clase socioeconómica.
9. El sociólogo hace investigaciones para reunir _____.
10. Tiene que analizar los _____ antes de llegar a una conclusión.
11. Muchas veces el sociólogo se vale de una _____ para ayudar en su investigación.
12. El sociólogo puede tener _____ con los que toman parte en el experimento o puede formular un cuestionario.
13. De todas maneras el sociólogo tiene que compilar y analizar las _____ a sus preguntas.
14. El sociólogo seleccionó una _____ de cada subgrupo que necesitaba para su investigación.

Ejercicio 8   Match the English word or expression in Column A with its Spanish equivalent in Column B.

A	B
1. to predict	a. la fuerza laboral
2. policy	b. la vida diaria
3. labor force	c. el pronóstico
4. daily life	d. predecir
5. conflict	e. el desacuerdo
6. disagreement	f. la política
7. political party	g. el partido político
8. forecast, prognosis	h. la contienda

Ejercicio 9   Complete each statement with the appropriate word(s).
1. La rutina de la _____ puede ser interesante o aburrida.
2. En los EE.UU. hay dos _____ principales.
3. Cada partido tiene su propia _____.
4. Cuando hay un _____ se debe hablar y negociar para que no resulte en una verdadera _____.
5. Es muy difícil _____ lo que va a pasar en el futuro. Sin embargo, es necesario hacer _____ de situaciones y condiciones futuras.
6. Los que trabajan (tienen empleo) son la población activa. La población activa comprende (forma) la _____ de la nación.

COMPRENSION

Ejercicio 1   Select the appropriate word(s) to complete each statement.
1. Los seres humanos pasan (poco / mucho) tiempo en grupos.
2. La macrosociología estudia los grupos (grandes / pequeños).
3. La microsociología observa de cerca a (grandes grupos e instituciones / determinadas personas).
4. La perspectiva (funcionalista / conflictiva) enfoca en la manera en que las sociedades se estructuran para mantener su estabilidad.
5. La sociología es una de las ciencias (naturales / sociales).
6. En (el experimento / la observación) el sociólogo manipula una de las variables.

Ejercicio 2   Answer.
1. ¿Qué es la sociología?
2. ¿Qué estudian los sociólogos?
3. ¿En qué influye el pertenecer a un grupo?
4. ¿Qué importancia tienen los pronósticos de las tendencias en el comportamiento?
5. ¿Cuáles son las tres perspectivas sociológicas importantes?
6. ¿Cuáles son algunos ejemplos de contiendas?
7. ¿Qué tipos de conflictos estudian los sociólogos?
8. ¿En qué tipos de grupos se dividen los sujetos de un experimento sociológico?
9. ¿Cómo conduce el sociólogo la observación?

Ejercicio 3   True or false?
1. Ser miembro de un grupo no tiene ninguna influencia sobre el comportamiento de un individuo.
2. La sociología ayuda a predecir y controlar el comportamiento.
3. Las contiendas tienen que ser violentas.
4. Muchos sociólogos consideran los conflictos una parte de la vida diaria de todas las sociedades.
5. En la vida real es fácil determinar la causa y el efecto de todo lo que ocurre.

Ejercicio 4   Give examples of each of the following.
1. grupos
2. grupos competitivos
3. la encuesta
4. la muestra al azar
5. el subgrupo

Ejercicio 5   Explain the following steps in the conduct of social research.
1. formular el problema a investigar
2. estudiar la literatura
3. formular una hipótesis
4. planear la estructura de la investigación
5. reunir los datos
6. analizar los datos
7. formular las conclusiones

Capítulo 2
CULTURA Y
SOCIALIZACION

Cultura

La cultura es la totalidad de los comportamientos, incluso los valores, las ideas y las costumbres, que se aprenden y que se transmiten por la sociedad. Una sociedad es el mayor grupo humano. Se dice que es una sociedad cuando los miembros viven en el mismo territorio, relativamente independiente de los que viven fuera de allí, y comparten una herencia común, que los sociólogos llaman «cultura». Ellos aprenden esta cultura y la transmiten a las generaciones que siguen. Cultura y sociedad se entrelazan[1].

Se puede decir que la sociedad es el grupo de personas que participan en una cultura común. La cultura tiene que ver con las costumbres de la gente. La sociedad tiene que ver con la gente que practica estas costumbres. No hay cultura sin gente. Y la sociedad humana requiere una cultura que provee normas y reglas. La cultura también se manifiesta en los objetos—las herramientas[2], el vestido[3], las máquinas, los edificios[4]. A veces se refiere a la cultura material y a la cultura no material, que incluye las ideas, las creencias, los símbolos, las normas, los valores y las tradiciones.

La cultura le da al individuo un tipo de guía para relacionarse con otros. Le dice como debe comportarse en las diferentes situaciones sociales, en la calle, en los ritos y las ceremonias, en el trabajo, en la familia. Cuando se conoce la cultura de un individuo se puede comprender y predecir gran parte de su comportamiento.

Los elementos de la cultura

Normas Las normas son las reglas y formas convencionales y acostumbradas de actuar, pensar y sentir[5] en una sociedad. Las normas especifican los comportamientos que son y que no son apropiados en cada situación. Casi todas las personas en una sociedad determinada comparten las mismas normas. Las normas varían bastante de una cultura a otra. Las normas se categorizan de varias maneras, según su importancia.

• **Valores** Los valores son las ideas abstractas y enraizadas en los miembros de una sociedad sobre lo que es deseable, correcto y bueno, y que casi todos los miembros aceptan. Los valores son generales y abarcadores[6]—la libertad, la familia. Los valores no especifican cuales son los comportamientos aceptables o no aceptables.

---

[1]*are intertwined*   [2]*tools*   [3]*dress*   [4]*buildings*   [5]*to feel*   [6]*encompassing*

• **Tradiciones** Las tradiciones son las formas usuales y acostumbradas de actuar dentro de una sociedad. Estas normas no se consideran muy importantes, y no se exige una estricta conformidad. Estas tradiciones se ven en la comida— comer el postre al fin de una comida; la indumentaria—vestirse de cierta forma para las bodas, entierros, etc.

• **Costumbres** Las costumbres son normas que tienen gran importancia para la gente y que requieren una estricta conformidad. Las costumbres con frecuencia se incorporan en el sistema legal y llegan a tener fuerza de ley. También las costumbres se reflejan en los preceptos religiosos. Las costumbres (y las leyes) pueden cambiar a través del tiempo. Algunos ejemplos son las antiguas sanciones contra la cohabitación, el desnudismo y el uso de palabras malsonantes en el cine y teatro.

• **Símbolos** Los símbolos, como se sabe, son cualquier cosa que representa otra cosa dentro de una sociedad. Además de palabras—escritas o habladas—hay gestos, movimientos y posturas que llevan un significado, y objetos—banderas, estatuas, uniformes, medallas—que sirven de símbolo. Pero de todos los símbolos, el más importante es la palabra, el idioma.

• **Lengua** La lengua es un sistema abstracto de sonidos[7] y símbolos con significados específicos y arbitrarios. Es la base de todas las culturas, a pesar de que los idiomas pueden ser muy diferentes los unos de los otros. Los niños en todas las culturas producen sonidos similares durante su primer año de vida. Al final del primer año se notan variaciones que resultarán en patrones de habla adulta.

El lenguaje penetra en todos los aspectos de la vida humana. El lenguaje no sólo describe la realidad, también le da forma a la realidad de una cultura. El lenguaje es de interés desde las tres perspectivas sociológicas. Los funcionalistas ven al lenguaje como algo que une a los miembros de una sociedad. Los conflictivistas notan que el lenguaje sirve para mantener las distinciones entre grupos y sociedades, por ejemplo, el sexismo y el racismo que ellos ven en muchas formas de comunicación. Los interaccionistas estudian como la gente depende de las definiciones que se aceptan para palabras y expresiones en el lenguaje formal e informal.

Etnocentrismo Es el término que emplean los sociólogos para describir la creencia de que la cultura de uno es superior a cualquier otra. La persona etnocéntrica considera a su propia cultura como la norma con la que todas las otras culturas se comparan. Piensa que su cultura es la «normal» y que todas las otras son anormales si se desvían[8] de la suya.

Relatividad cultural Quiere decir que los efectos de los rasgos culturales dependen de su medio cultural. Si una práctica es «buena» o «mala» depende de todo el conjunto de normas y valores en el que figura. La relatividad cultural requiere un esfuerzo serio y sin prejuicios para evaluar normas, valores y costumbres según la cultura específica de la que forman parte.

---

[7]*sounds*   [8]*deviate*

Subcultura Una subcultura es un segmento de una sociedad que comparte unos valores, normas, tradiciones y costumbres propios que contrastan con las de la cultura mayoritaria.

Socialización

La socialización es el proceso mediante el cual la persona aprende las actitudes, los valores y los comportamientos apropiados para los individuos que son miembros de determinado grupo. La socialización se efectúa por medio de la interacción humana.

Herencia y experiencia Cada individuo es producto de su naturaleza, de sus características heredadas y de sus experiencias. Algunas características pueden venir principalmente de la herencia, y otras de la experiencia, pero todas se ven influenciadas por las dos. Las dos influencias interactúan de varias maneras para proveerle al individuo su propia personalidad. La inteligencia es un buen ejemplo. Los genes que se heredan de los padres determinan, hasta cierto grado, la inteligencia. Pero otros factores afectarán el grado en que esa inteligencia se desarrolla: los estímulos intelectuales, el ambiente académico, las experiencias en el hogar.

Tipos de socialización La socialización es continua. Ocurre durante toda la vida. La socialización primaria ocurre durante la niñez, cuando se le presenta al niño las normas, los valores, las creencias y el lenguaje de su sociedad. El enfoque es sobre las rutinas de la vida diaria, como el aseo[9] y el uso del idioma.

La socialización se realiza por medios formales e informales. Las instituciones como las escuelas y universidades, las fuerzas armadas y la religión son ejemplos de lo formal. Los grupos de amigos, los clubes y tertulias son agentes informales.

Durante diferentes períodos de la vida, desde la infancia hasta la vejez, se cambia de rol. Esta es la transición de roles. El individuo tiene que aprender las demandas del nuevo rol. Tiene que aceptar y acomodarse al rol y hacer los ajustes necesarios en los valores, las creencias, los comportamientos y la autoimagen. Muchas de las transiciones se acompañan de ritos y ceremonias: la graduación, el matrimonio, los banquetes de retiro, los funerales.

Los agentes de socialización

Hay cinco agentes de mucha importancia en la socialización: la familia, los grupos de edad homogénea, la escuela, el trabajo y los medios de comunicación masiva.

Familia Es en la familia donde el niño comienza a establecer su personalidad. El «status» del niño depende de la familia; su clase social, su grupo étnico, su raza y su religión vienen de la familia.

Grupos de edad homogénea La participación en grupos de edad homogénea provee a los niños la oportunidad de funcionar independientemente, libres del control de adultos. Les permite relacionarse con otros en calidad de iguales, mientras que con adultos siempre tienen un rol subordinado. En estos grupos los

---

[9]*cleanliness*

niños aprenden y practican la sociabilidad, la competencia, la cooperación. Llegan a tener su propia identidad en un ambiente donde los jóvenes tienen una posición central y no marginal. Allí aprenden, informalmente, información sexual, supersticiones, folklore, chistes y juegos.

Escuela La escuela enseña mucho más de lo que aparece en el programa de estudios. Existe un «currículo escondido»[10] que les presenta a los estudiantes, sin decirlo, toda una gama de valores, actitudes y comportamientos. Industria, responsabilidad, autocontrol, estabilidad emocional son algunas «materias» del currículo escondido.

Trabajo La socialización en el trabajo es fundamental. Le enseña al nuevo trabajador el comportamiento ocupacional apropiado. El trabajo a tiempo completo en los EE.UU. es una señal de que se ha hecho la transformación de adolescente a adulto. Desde muy joven los niños observan el trabajo de sus padres y vecinos—los policías, bomberos[11], médicos y, mediante los medios de comunicación, a otros—políticos, atletas profesionales, actores. El tipo de trabajo que se escoge está influenciado por las observaciones y los mensajes, sutiles y no sutiles, que se reciben en una cultura.

Medios de comunicación Los medios de comunicación—la radio, la televisión, la prensa, el cine—juegan un papel importantísimo en la socialización. Muchos sociólogos se preocupan de la cantidad de violencia en la televisión. Algunos estudios indican una tendencia hacia la agresividad en los niños después de ver una escena violenta en la televisión. Por otra parte, la televisión permite ver otras culturas y otros estilos de vida.

---

[10]*hidden*   [11]*fire fighters*

ESTUDIO DE PALABRAS

Ejercicio 1   Study the following cognates that appear in this chapter.

la cultura	la libertad	la realidad
la totalidad	la conformidad	la distinción
la idea	el sistema	el sexismo
la sociedad	el precepto	el racismo
la generación	la sanción	la comunicación
el territorio	la cohabitación	la definición
la norma	el desnudismo	el etnocentrismo
el símbolo	el gesto	la relatividad
la tradición	el movimiento	la subcultura
la guía	la postura	el segmento
la situación	la base	la socialización
el rito	la variación	el proceso
la ceremonia	el lenguaje	la actitud
la forma	el aspecto	la interacción

la experiencia	el adulto	informal
la personalidad	el atleta	superior
la inteligencia	el actor	etnocéntrico
el gene	la actriz	normal
el estímulo	el policía	anormal
la rutina	la radio	intelectual
las fuerzas	la televisión	académico
el período	el cine	armado
la infancia	la violencia	homogéneo
el rol	la agresividad	masivo
la transición	la escena	marginal
el ajuste	el estilo	sutil
la autoimagen		
la graduación	independiente	transmitir
el matrimonio	material	participar
el banquete	social	practicar
el retiro	convencional	requerir
el funeral	abstracto	relacionarse
el agente	correcto	actuar
el status	general	especificar
la identidad	aceptable	categorizar
la superstición	usual	aceptar
el folklore	estricto	incorporarse
el currículo	legal	representar
la gama	religioso	describir
la industria	específico	mantener
la responsabilidad	arbitrario	depender
el autocontrol	similar	evaluar
el adolescente	formal	contrastar

Ejercicio 2   Complete each expression with the appropriate word(s).

1. legal system   el sistema _____
2. cultural relativity   la relatividad _____
3. role transition   la _____ de roles
4. self-control   el auto_____
5. self-image   la _____
6. socialization agents   los agentes de _____
7. means of communication   el medio de _____
8. mass communication   la _____ masiva
9. social class   la clase _____
10. ethnic group   el _____ étnico
11. common inheritance   una herencia _____
12. social situations   las _____ sociales
13. adult speech   el habla _____

14. cultural milieu   el medio (ambiente) _____
15. intellectual stimuli   los estímulos _____
16. academic environment (milieu)   el ambiente _____
17. life-style   el _____ de vida

Ejercicio 3   Match the word in Column A with its definition in Column B.

A	B
1. la totalidad	a. considerar obligatorio, obligar
2. la idea	b. un poco fuera del límite de lo normal
3. participar	c. igual, sin diferencias
4. requerir	d. todos sin excepción
5. el rito	e. el concepto
6. actuar	f. el ademán, la expresión
7. el segmento	g. la ceremonia
8. usual	h. tomar parte, unirse a
9. incorporarse	i. hacer
10. la sanción	j. la capacidad intelectual
11. el gesto	k. común
12. arbitrario	l. llegar a ser una parte
13. la inteligencia	m. la parte
14. homogéneo	n. la prohibición
15. marginal	o. no específico, sin razón

Ejercicio 4   Select the term being defined.

la sociedad   la responsabilidad   la personalidad
la tradición   la agresividad   la industria
la conformidad   el etnocentrismo   las costumbres

1. el conjunto de formas y maneras de obrar y prácticas muy usadas de un pueblo o de un individuo
2. la doctrina, las costumbres, las creencias que prevalecen de generación en generación
3. la destreza, habilidad o artificio de hacer una cosa
4. la agrupación de individuos con el fin de satisfacer las necesidades de la vida; reunión permanente de personas, familias, pueblos y naciones
5. la semejanza entre dos personas y la adhesión de una persona a las normas del grupo
6. lo que un individuo o una sociedad considera una obligación hacer
7. la idea o creencia que la cultura suya es superior a las otras
8. la diferencia individual de ademanes, habla, características y comportamiento, la manera de ser que es parte de cada individuo y que lo distingue de otros
9. la acción de provocar y atacar, la propensión a faltarles el respeto y a ofender a los demás

Ejercicio 5   Select the appropriate word to complete each statement.

1. Los miembros de una sociedad suelen vivir en el mismo _____.
   a. territorio   b. barrio   c. gesto
2. El que puede vivir sin depender excesivamente de otros es _____.
   a. correcto   b. anormal   c. independiente
3. El idioma (La lengua) es todo un conjunto de _____ orales y escritos.
   a. gestos   b. símbolos   c. movimientos
4. Los funerales, las graduaciones, las bodas son _____.
   a. comunicaciones   b. banquetes   c. ceremonias
5. Vivir juntos es _____.
   a. la cohabitación   b. el etnocentrismo   c. el desnudismo
6. La radio, la televisión, la prensa y el cine son ejemplos de _____.
   a. lenguaje   b. comunicación masiva   c. socialización
7. Todas las religiones enseñan (propagan) sus propios _____.
   a. aspectos   b. roles   c. preceptos
8. Los _____ se heredan.
   a. genes   b. roles   c. agentes

Ejercicio 6   Give the opposite of each of the following words.

1. dependiente
2. concreto
3. inaceptable
4. anormal
5. específico
6. diferente
7. formal
8. inferior
9. heterogéneo

Ejercicio 7   Put the following in order

    la madurez
    la infancia
    la adolescencia
    la vejez
    la niñez

Ejercicio 8   Match the English word or expression in Column A with its Spanish equivalent in Column B.

A	B
1. behavior	a. compartir
2. value	b. heredar
3. custom	c. el comportamiento
4. inheritance	d. el hogar
5. rule	e. comportarse

6. belief
7. appropriate
8. entrenched, rooted
9. to share
10. to behave
11. to inherit
12. to develop
13. pattern
14. law
15. home
16. background, environment
17. full-time employment

f. el valor
g. la costumbre
h. el patrón
i. la herencia
j. la ley
k. la creencia
l. la regla
m. el ambiente
n. apropiado
o. enraizado
p. desarrollar(se)
q. el trabajo a tiempo completo

Ejercicio 9   Complete each statement with the appropriate word(s).

1. Hay ejemplos de buen _____ y de mal _____. La violencia es un ejemplo de mal _____. El _____ de un individuo es lo que hace, como actúa.
2. Cada religión tiene sus preceptos y _____.
3. Nosotros _____ los genes de nuestros padres.
4. Todos tenemos nuestro sistema de _____, es decir, lo que consideramos aceptable y no aceptable.
5. En un grupo cultural o una sociedad una acción puede considerarse _____ y en otra sociedad la misma acción se considera ofensiva.
6. El gobierno establece las _____ que rigen la sociedad.
7. El _____ cultural influye mucho en el desarrollo de la personalidad.
8. El _____ también influye mucho en el desarrollo de la personalidad del niño.
9. Los miembros de la misma sociedad _____ una herencia común que sociológicamente es la cultura del grupo.
10. Las normas son las _____ y formas convencionales de actuar.
11. Estas normas convencionales influyen mucho en como se _____ los miembros de una sociedad.
12. Los genes heredados de los padres afectan el grado de inteligencia de un individuo, pero otros factores tales como el ambiente académico y las experiencias en el hogar afectarán el grado en que la inteligencia se pueda _____.
13. Trabajar 40 horas por semana es trabajar _____.

Ejercicio 10   Match the English word or expression in Column A with its Spanish equivalent in Column B.

A	B
1. clothing	a. la prensa
2. wedding	b. la tertulia
3. burial	c. la mayoría (mayoritario)
4. language	d. la indumentaria

5. speech	e. la palabra malsonante
6. meaning	f. el prejuicio
7. swear word	g. la boda
8. joke	h. el entierro
9. message	i. el juego
10. press	j. el idioma, la lengua, el lenguaje
11. game	k. el habla
12. social gathering	l. el mensaje
13. prejudice	m. el chiste
14. majority	n. el significado
15. competition	o. la competencia

Ejercicio 11   Give the word or expression being defined.
1. lo que lleva la gente, su ropa, la manera en que se viste
2. el español, el inglés, el francés, el japonés, etc.
3. los periódicos y las revistas
4. el fútbol, el volibol, el golf, el tenis, etc.
5. un agrupamiento de individuos con fines sociales para divertirse
6. lo que es cada palabra escrita o hablada de un idioma
7. no aceptar algo o a alguien sin saber ni analizar por qué
8. lo que transmite una serie de palabras
9. el poner el cadáver en la tierra en el cementerio o camposanto
10. una palabra ofensiva
11. el número más grande del total
12. la ceremonia y las fiestas que tienen lugar cuando una pareja contrae matrimonio
13. lo que existe entre facciones rivales

COMPRENSION

Ejercicio 1   True or false?
1. Una sociedad es un grupo pequeño de personas.
2. La herencia común que comparten los miembros de una sociedad es la cultura.
3. La cultura puede existir en zonas remotas sin gente.
4. La cultura le da al individuo un tipo de guía para relacionarse con otros.
5. Las normas son casi iguales en muchas culturas diferentes.
6. Los valores son muy específicos.
7. Las costumbres son normas que tienen mucha importancia para la gente y requieren una estricta conformidad.
8. Las costumbres no cambian nunca.
9. Los niños en diferentes culturas producen sonidos muy diferentes durante su primer año de vida.
10. El sexismo y el racismo no existen en los idiomas, sólo en la mente de los individuos.

11. La persona etnocéntrica tiende a aceptar diferencias culturales fácilmente.
12. Cada individuo es producto de su naturaleza, sus características heredadas y sus experiencias.
13. La socialización primaria empieza a ocurrir durante la adolescencia.
14. Los roles de los individuos cambian durante los diferentes períodos de la vida.
15. En presencia de los adultos, los niños casi siempre tienen un rol subordinado.
16. Los niños llegan a tener su propia identidad primero en el hogar.

Ejercicio 2   Answer.
1. ¿Qué es la cultura?
2. ¿A qué se le llama «sociedad»?
3. ¿Cómo se transmite la cultura?
4. ¿Con qué tiene que ver la cultura de la gente?
5. ¿De qué manera sirve la cultura de guía para relacionarse con otros?
6. ¿Qué son normas?
7. ¿Qué son valores?
8. ¿Qué son tradiciones?
9. ¿Qué son costumbres?
10. ¿Cuál es el más importante de todos los símbolos?
11. ¿Qué es la lengua?
12. ¿Cómo ven los funcionalistas al lenguaje?
13. ¿Cómo ven los sociólogos conflictivos, los «conflictivistas», al lenguaje?
14. ¿Qué estudian los interaccionistas?
15. ¿Qué es el etnocentrismo?
16. ¿Qué requiere la relatividad cultural?
17. ¿Qué es una subcultura?
18. ¿Qué es la socialización?
19. ¿Dónde empieza a establecer su personalidad el niño?
20. ¿De qué depende el status?
21. ¿Dónde llegan los niños a tener su propia identidad?
22. ¿Por qué juegan un papel importante en la sociedad los medios de comunicación?

Ejercicio 3   Give examples of each of the following.
1. la cultura material
2. la cultura no material
3. las influencias en el desarrollo de la inteligencia
4. la socialización formal
5. la socialización informal
6. los agentes de socialización
7. el currículo escondido presentado a los estudiantes

Capítulo 3
ESTRUCTURA SOCIAL—STATUS Y ROL, GRUPOS E INSTITUCIONES SOCIALES

Estructura social

La «estructura social» se refiere a los establecidos patrones de relación que existen entre los diferentes componentes de un sistema social. Gran parte de lo que los sociólogos consideran estructura social consiste de una serie de acuerdos y entendimientos, jamás expresados, que guían el comportamiento. Las relaciones dentro de la estructura social pueden estudiarse según estos cuatro elementos: status, rol, grupo e institución social.

Status Para los sociólogos el status se refiere a cualquier posición, de la más baja a la más alta, dentro de una gama total de posiciones socialmente definidas en una sociedad. Un individuo puede gozar de varios status a la vez—hermana, amiga, estudiante, campeona de tenis. El status adscrito[1] es la posición social que la sociedad le asigna a una persona arbitrariamente. Esto ocurre cuando nace la persona y lo hereda de la familia— raza, clase social, religión, grupo étnico. El status adquirido es una posición social que una persona logra por su propio esfuerzo y competencia. El status dominante es el status o posición clave que se impone en las interacciones y las relaciones que tiene la persona con otros. El status dominante determina la posición de una persona dentro de la sociedad. Un presidente que escribe una novela se considera primeramente presidente y no novelista.

Rol El rol social es una serie de comportamientos que se espera de una persona dentro de su status. Para cada status hay unas normas que determinan lo que es apropiado e inapropiado. Si el rol es el comportamiento que se espera de la persona, el desempeño de rol es lo que la persona realmente hace, su comportamiento real. Los dos no son siempre idénticos.

La ambigüedad de rol se refiere a unas expectaciones inexactas o vagas para determinado status. Para cada rol hay unos privilegios y unas obligaciones. En el rol de amigo, por ejemplo, ¿cuáles son los límites de sus obligaciones y de sus privilegios? La ambigüedad a veces resulta en una tensión de rol. La tensión de rol

---

[1]*assigned*

es el estrés que sufre el individuo cuando le es difícil satisfacer las diferentes demandas y expectaciones de su status social. El conflicto de rol ocurre cuando existen expectaciones incompatibles debido a que el individuo ocupa dos status o posiciones sociales a la vez.

El rol que se espera de un status puede ser contradictorio al rol del otro status. Un ejemplo sería un policía que sorprende a su propio hermano cometiendo un crimen. ¿Cuál status es el dominante, el de policía o el de hermano? También, dentro de un solo status puede haber varios roles, un conjunto de roles. El paciente en un hospital es, a la vez, un enfermo, un compañero de los otros pacientes, un consumidor de servicios, un conocido del personal del hospital, un miembro de su familia, etc.

Grupos Un grupo social, en términos sociológicos, es cualquier número de personas que sienten cierta afinidad y que se unen en patrones estables de interacción. Las primeras experiencias de grupo ocurren en la familia, con los amiguitos infantiles, con los vecinos y en la escuela.

Los grupos sociales tienen ciertas características. Tienen límites. Todo el mundo sabe quienes están dentro del grupo y quienes están fuera. Los grupos sociales tienen su definición social, como si fueran cosas reales y precisas. El grupo tiene su propia subcultura, sus propios valores y normas.

Cada sociedad se compone de una variedad de grupos donde la interacción social ocurre a diario. La gente se vale de[2] los grupos para hacer amigos, para lograr ciertas metas y para jugar su rol. Un grupo social no es sólo una colectividad como los clientes en un hipermercado, por ejemplo, que interactúan sólo esporádica y temporalmente, y que no tienen un sentido común de identidad. Tampoco es una categoría.

Una categoría se forma de personas que comparten una característica común— profesores, policías, estudiantes, dentistas—pero que no interactúan. El papel de los grupos en la estructura social de una sociedad es de vital importancia. Gran parte de la interacción social ocurre dentro de grupos y se ve influenciada por las normas y sanciones que el grupo impone.

Los grupos sirven de paso intermedio entre el individuo y la sociedad mayor. Los miembros de grupos sociales o profesionales pueden ser solamente conocidos y no necesariamente amigos íntimos; por lo tanto, tienden a reunir a los otros miembros con personas que pertenecen a otras esferas sociales. Esta conexión se conoce como «red social», una serie de vínculos sociales que unen a una persona directamente con otros y así, indirectamente, con aún más personas. Estas «redes» son muy útiles, especialmente en la búsqueda de empleo.

Los grupos de referencia son los grupos que la persona usa como modelo para su propia conducta y cuyas normas respeta aunque no sea miembro de ese grupo.

Instituciones sociales Una institución se define como una serie de patrones culturales y relaciones sociales duraderas que se establecen para cumplir ciertas

---

[2]*use*

funciones sociales básicas. Las instituciones tratan de responder a los problemas persistentes de la vida. He aquí algunas funciones básicas de una sociedad.

- **El reemplazo de personal** Todo grupo o sociedad tiene que reemplazar a sus miembros cuando mueren, salen o se ven incapacitados. Esto se efectúa por la normal reproducción sexual de sus miembros, por inmigración o por la anexión de grupos vecinos.
- **La orientación de nuevos miembros** Para sobrevivir, el grupo tiene que hacer que los nuevos miembros aprendan (formal o informalmente) y acepten sus valores y costumbres.
- **La producción y distribución de bienes y servicios** El grupo tiene que proveer y distribuir los bienes y servicios que sus miembros necesitan. Cada grupo establece las reglas para el reparto de recursos.
- **El mantenimiento del orden** El grupo tiene que poder mantener el orden y proteger a sus miembros de depredaciones y peligros de adentro y de afuera.
- **El establecimiento de un sentido de propósito y destino** Hay que haber una motivación para seguir perteneciendo al grupo. Para algunos son los valores religiosos, para otros la identidad nacional o tribal.

Algunos sociólogos presentan estas cinco instituciones básicas con sus funciones así: la institución familiar (la reproducción, socialización y manutención de los niños); la institución política (la protección de los miembros); la institución educativa (la transmisión de la cultura de una generación a otra); la institución económica (la producción de bienes y servicios) y la institución religiosa (el fortalecimiento de la solidaridad y el consenso).

Cada institución tiene sus funciones manifiestas y latentes. Las manifiestas son las intencionales y reconocidas; las latentes son las que no son intencionales y, a menudo, no reconocidas. Las funciones manifiestas de las ceremonias religiosas tienen que ver con el alma o el espíritu. Pero las funciones latentes, la sociabilidad, la solidaridad de grupo, la exhibición de la riqueza de la familia, etc., son también importantes.

Las sociedades cambian constantemente. Este cambio les afecta a las instituciones. Las normas y los valores de la institución se modifican para responder al cambio. Ejemplos son la familia, que antes tenía un rol importante en la producción de bienes y que hoy se dedica más al consumerismo y compañerismo, y la escuela, que hoy cumple funciones que antes eran de la familia y la iglesia. A pesar de que los sociólogos estudian cada institución social independientemente, la verdad es que las instituciones no funcionan independientemente; se relacionan entre sí.

ESTUDIO DE PALABRAS

Ejercicio 1   Study the following cognates that appear in this chapter.

la estructura	la identidad	dominante
el componente	la categoría	inexacto
la relación	la esfera	vago
la serie	la conexión	incompatible
el status	el modelo	contradictorio
el rol	la referencia	estable
el grupo	la conducta	esporádico
la institución	la función	temporal
la posición	el problema	temporero
la gama	la inmigración	común
la religión	la anexión	intermedio
el privilegio	la producción	íntimo
la obligación	la distribución	persistente
la interacción	el mantenimiento	incapacitado
la norma	el orden	nacional
la ambigüedad	la depredación	tribal
la expectación	el sentido	familiar
el límite	el destino	político
la tensión	la motivación	educativo
el estrés	la transmisión	religioso
el conflicto	la solidaridad	latente
el consumidor	la exhibición	intencional
el miembro	la dinámica	
la familia	el consumerismo	modificar
la afinidad		establecer
la definición	expresado	guiar
la subcultura	total	satisfacer
la colectividad	étnico	interactuar
el cliente	adquirido	respetar

Ejercicio 2   Give the adjective form of each of the following.

1. de una tribu
2. de una nación
3. de la educación
4. de la religión
5. de la intimidad
6. de la totalidad
7. de la persistencia
8. de la estabilidad
9. de la política
10. de la familia

Ejercicio 3   Match the word or expression in Column A with its definition in Column B.

A	B
1. la posesión	a. la comunidad de intereses, la
2. la obligación	adhesión a la causa
3. el privilegio	b. la escala, la serie continua
4. principal, sobresaliente	c. afirmativo y negativo al mismo
5. la gama	tiempo
6. ocasional, no de siempre	d. un objeto que uno tiene o posee
7. la motivación	e. lo que uno tiene que poseer para
8. la solidaridad	querer hacer o lograr algo
9. contradictorio	f. lo que uno debe hacer
10. vago	g. lo que uno tiene derecho de hacer
	h. ni claro ni exacto
	i. dominante
	j. esporádico

Ejercicio 4   Complete each expression with the appropriate word(s).

1. social structure	la estructura _____
2. established pattern	el patrón _____
3. total gamut	la gama _____
4. social position	la _____ social
5. acquired status	el status _____
6. dominant status	el _____ dominante
7. key position	la _____ clave
8. social role	el _____ social
9. series of behaviors	una _____ de comportamientos
10. role conflict	el conflicto de _____
11. family member	el _____ de la familia
12. group experiences	las experiencias de _____
13. common sense of identity	un sentido _____ de identidad
14. common characteristic	una _____ común
15. intermediate step	el paso _____
16. social sphere	la esfera _____
17. social network	la red _____
18. social ties	los vínculos _____
19. reference group	el grupo de _____
20. distribution of goods and services	la _____ de bienes y _____
21. maintaining order	el mantenimiento del _____
22. sense of purpose	el _____ de propósito

Ejercicio 5   Match the verbs in Column A with related nouns in Column B.

A	B
1. producir	a. la satisfacción
2. distribuir	b. la conducta
3. motivar	c. la producción
4. transmitir	d. la distribución
5. consumir	e. la interacción, la interactuación
6. inmigrar	f. la posesión
7. satisfacer	g. la obligación
8. interactuar	h. la transmisión
9. definir	i. la motivación
10. conectar	j. el consumerismo, el consumidor
11. conducir	k. el mantenimiento, la manutención
12. obligar	l. la definición
13. poseer	m. la inmigración, el inmigrante
14. mantener	n. la conexión

Ejercicio 6   Complete each statement with the appropriate word(s).

1. Son amigos muy _____. Se conocen muy bien y hacen muchas cosas juntos.
2. Los problemas de la vida moderna que el individuo confronta cada día pueden causar _____ y _____.
3. No es una condición esporádica. Es _____ y duradera.
4. No puede trabajar más porque el accidente lo dejó _____.
5. Hay toda una _____ de posiciones definidas dentro de una sociedad.
6. No es raro. En realidad es bastante _____.
7. El _____ es el que compra y utiliza (se sirve de) un producto.
8. Es difícil contestar a una pregunta _____ e inexacta.
9. Es difícil actuar apropiadamente cuando hay una _____ en las instrucciones de los hijos.
10. El _____ del orden es una obligación del gobierno y la manutención es una obligación o responsabilidad de los padres.

Ejercicio 7   Match the English word or expression in Column A with its Spanish equivalent in Column B.

A	B
1. pattern	a. el conocido
2. agreement	b. compartir
3. understanding	c. lograr
4. effort	d. la red
5. competition	e. la meta
6. appropriate	f. a diario
7. carrying out	g. fuera, afuera

8. within	h. dentro, adentro
9. outside	i. el desempeño
10. daily	j. apropiado
11. goal	k. la competencia
12. network	l. el esfuerzo
13. to achieve, attain	m. el entendimiento
14. to share	n. el acuerdo
15. acquaintance	o. el patrón

Ejercicio 8   Complete each statement with the appropriate word(s).

1. Ellos comprenden lo que están diciendo y lo que quieren. Han llegado a un
   _____.

2. Todo el grupo ha llegado a un _____ o resolución. Se espera que el
   problema se resuelva sin más conflicto.

3. Lo que un individuo o una institución quiere lograr es su _____.

4. El lo hace todos los días; es decir, _____.

5. Muchas influencias que llegan de _____ pueden cambiar las
   costumbres de una sociedad.

6. Los sociólogos pueden identificar los _____ de conducta
   establecidos entre los miembros de una sociedad.

7. No hay duda que hay que hacer un _____ para lograr una meta y
   tener éxito.

8. No es raro que los empleados en el mismo lugar de trabajo tengan que
   _____ responsabilidades.

9. Lo que puede ser _____ en una situación no lo es en otra.

10. Hay una diferencia entre un _____ y un amigo. El amigo es más
    íntimo. El _____ es, por ejemplo, un compañero de trabajo, un
    colega.

11. La _____ existe cuando hay más de un individuo o grupo tratando
    de lograr la misma meta o desempeñar el mismo papel.

12. Una _____ es un conjunto sistemático de agencias, vías de
    comunicación, canales de distribución, etc.

Ejercicio 9   Match the English word or expression in Column A with its
Spanish equivalent in Column B.

A	B
1. race	a. el reemplazo
2. tie	b. los bienes
3. search	c. la manutención
4. to impose	d. la raza
5. replacement	e. proveer
6. to survive	f. el vínculo
7. goods	g. el propósito

8. to provide	h. pertenecer
9. distribution	i. la búsqueda
10. danger	j. la distribución
11. purpose	k. el cambio
12. upkeep, support	l. imponer
13. change	m. manifiesto
14. to belong	n. sobrevivir
15. plain, clear, obvious	o. el peligro

Ejercicio 10   Give the word or expression being defined.
1. ponerle una carga u obligación a alguien
2. los productos, las mercancías
3. dar las cosas necesarias para un fin
4. ser miembro de
5. el reparto
6. la razón para hacer algo, la intención
7. la acción de proveer para alguien las necesidades de la vida
8. lo contrario de «latente» o «vago»
9. lo que une uno a otro
10. la acción de tratar de encontrar a una persona o cosa
11. vivir después de una enfermedad o un accidente o vivir a pesar de obstáculos a veces serios
12. los tres grandes grupos de seres humanos; los blancos, negros, amarillos
13. la posibilidad inminente de que suceda algo malo

COMPRENSION

Ejercicio 1   True or false?
1. Según los sociólogos, el status se refiere a una posición alta en la sociedad.
2. El status que tiene una persona depende de su rol.
3. Cada rol tiene sus obligaciones y sus privilegios.
4. Gran parte de la interacción social se ve entre grupos.
5. Los miembros de grupos sociales o profesionales siempre son amigos íntimos.
6. Los grupos de referencia son los grupos que un individuo usa como modelo para su propia conducta.
7. El reemplazo de personal se efectúa solamente después de la muerte de un miembro del grupo.
8. El mantenimiento del orden es el proceso de proteger a los miembros del grupo de depredaciones y peligros internos y externos.
9. Las funciones manifiestas de una institución social son las que no son intencionales y a menudo no reconocidas.
10. Las sociedades cambian con muy poca frecuencia.

Ejercicio 2   Answer.
1. ¿Cómo puede un individuo gozar de varios status a la vez?
2. Si el presidente de un país escribe una novela, ¿por qué se le considera primeramente presidente y no novelista?
3. ¿Cómo puede existir una ambigüedad de rol?
4. ¿Dónde ocurren las primeras experiencias de grupo?
5. ¿Cuáles son algunas características de un grupo social?
6. ¿Cuál es la diferencia entre una categoría social y un grupo social?
7. ¿Cómo se logra el reemplazo de personal de una manera natural?
8. ¿Qué tiene que hacer el grupo para satisfacer las necesidades de sus miembros?
9. ¿Qué hay que tener para seguir perteneciendo a un grupo?
10. ¿Cómo ha cambiado el rol de la familia?
11. ¿Cómo ha cambiado el rol de la escuela?

Ejercicio 3   Identify each of the following terms.
1. la estructura social
2. el status
3. el rol
4. el grupo social
5. la institución social
6. el status adscrito
7. el status adquirido
8. el status dominante
9. la red social

Ejercicio 4   Match the functions of each of the following social institutions.

A	**B**
1. la institución familiar	a. la producción y la distribución de bienes y servicios
2. la institución política	b. la solidaridad de los miembros
3. la institución educativa	c. la reproducción y la manutención de los niños
4. la institución económica	d. la protección de los miembros
5. la institución religiosa	e. la transmisión de cultura

Capítulo 4
CONTROL SOCIAL /
DESVIACION / CRIMEN

Control social

Cada sociedad, cada cultura, subcultura y grupo tiene una serie de normas que determinan lo que es conducta apropiada y no apropiada. Estas normas pueden ser formales y escritas, como en el caso de las leyes, las reglas para juegos y deportes, los reglamentos para organizaciones; o pueden ser implícitas, los estilos de peinado[1] y ropa de grupos adolescentes, el tamaño y ubicación de una oficina, o un escritorio.

El control social es el conjunto de técnicas y estrategias que se emplean en una sociedad para reglamentar la conducta. El niño aprende a obedecer a los padres, uno de los primeros ejemplos de control social. Los adolescentes aprenden las normas de su grupo de edad homogénea: el vestido, la forma de hablar, los gustos en música y comida. Los adultos se someten a sistemas formales de reglas impuestos[2] por las organizaciones burocráticas: el gobierno, los sindicatos, las profesiones.

Control formal e informal La sociedad les obliga a sus miembros a obedecer las reglas por temor a las sanciones. Las sanciones pueden ser informales como la risa[3] o el ridículo y el extrañamiento, o formales como el despido del empleo, las multas o el encarcelamiento. El control informal se ve mayormente en los grupos primarios tales como la familia. Algunas técnicas son las miradas y los gestos dirigidos al que no se conforma a la norma. El control formal se lleva a cabo por aquéllos que tienen autoridad: la policía, los patronos[4], los jueces[5], los oficiales militares.

Conformidad y obediencia El sociólogo Stanley Milgram ha distinguido entre dos niveles de control social de la siguiente manera. Según Milgram, los dos niveles son conformidad y obediencia. En el primero, el individuo sigue las normas de su grupo, de aquéllos que tienen el mismo status, aunque no gocen de ninguna autoridad formal. En el segundo, el individuo se somete a los que tienen autoridad dentro de una jerarquía, el estudiante a su profesor, por ejemplo, y el marinero[6] a su capitán.

---

[1]*hair styles*   [2]*imposed*   [3]*laughter*   [4]*bosses*   [5]*judges*   [6]*sailor, marine*

El propósito del control social Mediante la socialización se espera que los miembros de una sociedad se comporten de manera aceptable en una variedad de situaciones en conformidad con las normas del grupo. Cuando la conducta del individuo sale de las normas, se impone el control social. Cuando las infracciones de las normas no son graves, las sanciones tienden a ser informales: las murmuraciones, el ostracismo, la risa. Cuando son graves, cuando contravienen la ley, las sanciones son formales, las penas son graves. A través de la socialización y los controles sociales, el individuo internaliza, incorpora dentro de su personalidad, las normas de conducta de la sociedad.

Desviación

La desviación, para el sociólogo, no es necesariamente una perversión o actividad criminal; solamente es una conducta que no se conforma a las normas de un grupo o una sociedad. Claro está, si la norma tiene fuerza de ley, entonces la desviación se caracteriza de delito. Con frecuencia la desviación puede considerarse positiva y moral. La persona que condena los prejuicios de su propio grupo exhibe una desviación, o el niño que se niega a maltratar a otro niño que sus compañeros maltratan.

La desviación es muy relativa. Lo que es totalmente aceptable en un grupo o una sociedad puede ser muy mal visto en otro grupo. En los EE.UU. un cóctel a las cinco de la tarde puede ser normal. Un cóctel a las ocho de la mañana no lo es. En los países árabes es normal que un hombre tome la mano de un amigo cuando caminan. En los EE.UU. sería una desviación.

Individual y grupal Una persona se aparta voluntariamente de las normas de conducta convencionales. Esta es la desviación individual. Un delincuente juvenil que pertenece a una familia estable y honesta, miembros respetables de una comunidad también estable y honesta, es un ejemplo de desviación individual. Un delincuente juvenil que es miembro de una banda de delincuentes y de una familia con antecedentes criminales que vive en un barrio bajo participa en una desviación grupal. Un desviado puede ser un miembro desviado de un grupo conformista o un miembro conformista de un grupo desviado.

Funciones de la desviación Paradójicamente, la desviación puede, a la vez que amenaza el buen funcionamiento social, facilitar ese funcionamiento. Porque muchas normas de conducta no están bien delineadas, cuando el grupo impone sanciones al individuo por un comportamiento inapropiado, la norma se enfatiza[7] y se define mejor. Las reacciones negativas de la sociedad le dicen a todos lo que la sociedad aceptará y lo que castigará.

Las desviaciones son también agentes de cambio. Cada vez que se viola una norma o una ley, se la pone a prueba; ejemplos son las violaciones de las leyes de cierre dominical[8] en muchas comunidades norteamericanas. Cuando la mayoría llega a apoyar la desviación en lugar de la norma, la norma cambia.

---

[7]*is emphasized*   [8]*Sunday closing*

La anomia   Este término se refiere a un estado anormal que ocurre cuando las expectativas culturales y las realidades sociales no corresponden. El individuo no está seguro de lo que se espera de él, y le es difícil actuar de acuerdo con las normas convencionales. Una sociedad «anómica» carece de[9] código moral definido y obligatorio. La anomia ocurre comúnmente durante períodos de profundo cambio social, durante una depresión económica, por ejemplo. Durante una revolución es difícil saber cuáles son los comportamientos apropiados. La conformidad y la obediencia pierden su potencia como factores sociales.

La teoría de asociación diferencial   Esta teoría sugiere que la conducta desviada se aprende igual que cualquier otra conducta, por la exposición a esa conducta y a actitudes favorables a esa conducta con más frecuencia y de manera más atractiva que a la conducta convencional y aceptada.

El señalamiento de desviados   La teoría de señalamiento o rotulación mantiene que un individuo es desviado porque alguna autoridad así lo ha dicho. La policía, los psiquiatras, los profesores, patronos y otros agentes de control social tienen un papel muy importante en la determinación de quien es desviado o no. La desviación primaria es una conducta en contra de las normas sociales pero que se oculta de los agentes de control social, así el individuo no se señala como desviado. La desviación secundaria ocurre cuando una persona ya está señalada como desviada e incurre en repetidas violaciones de las normas. Como resultado del señalamiento es posible que la persona reorganice su vida basándola en su nuevo status de desviado. Los sociólogos citan muchos ejemplos de lo que resulta de la señalización y de la desviación primaria y secundaria, especialmente con adolescentes. El sistema jurídico se preocupa mucho en no «rotular» de criminales a los ofensores juveniles.

El crimen

La desviación más grave es el crimen o delito. No toda desviación es delito. Es delito cuando la conducta se prohíbe por ley.

Tipos de delitos   Los sociólogos tienen cinco categorías de delito: delitos de índice, crimen profesional, crimen organizado, crimen de «cuello blanco» y delito sin víctima. Los delitos de índice son los crímenes violentos como el homicidio, la violación sexual, el asalto, el latrocinio y los crímenes contra la propiedad como el escalamiento, el hurto, el incendio y el robo de vehículos motorizados. Al otro extremo están los delitos sin víctima: la prostitución, los juegos de azar[10], la embriaguez pública y el uso de marihuana.

El sistema de justicia penal   En los EE.UU. de cada 100 delitos mayores, sólo 33 son informados a la policía. De los 33 sólo 6 resultan en un arresto; de los 6 arrestados, sólo 3 se procesan y se condenan. De los 3 solamente 1 llega a la prisión. De los que van a la prisión, más de la mitad reciben una sentencia inferior a los cinco años.

---

[9]*lacks*   [10]*gambling*

• **La policía** En los EE.UU. hay casi medio millón de policías. La mayoría son empleados de gobiernos municipales, unos 100.000 son empleados de los estados y unos 75.000 trabajan por el gobierno federal. Se calcula que los policías dedican sólo el 15% de su tiempo al crimen. La mayor parte de su tiempo se dedica a otros servicios para la comunidad, como el control del tránsito, emergencias médicas, etc.

• **Las cortes** El sistema de justicia penal en los EE.UU. es de tipo adversario. El acusado es inocente hasta que se le pruebe culpable. En otros países los interrogatorios de testigos y la determinación de culpabilidad o inocencia son responsabilidad de los jueces. En los EE.UU. los abogados de las dos partes se oponen ante un juez desinteresado.

• **Las prisiones** La población penal sigue en aumento. Hay más de medio millón de convictos en las prisiones federales y estatales de los EE.UU., un incremento de más del 75% desde 1980. Otro cuarto de millón están en cárceles locales. Uno de cada 382 varones adultos está encarcelado.

El encarcelamiento tiene varios fines: el propósito punitivo, la rehabilitación, la disuasión y la incapacitación selectiva. Según sus proponentes, el castigo ayuda a mantener un sentido de orden moral. Los adeptos a la rehabilitación consideran al criminal como un enfermo al que se puede tratar de curar. La idea de la disuasión es que si el precio que se tiene que pagar por cometer un delito es bastante caro, no se cometerá y la razón por la incapacitación selectiva es que se puede reducir la tasa de criminalidad si se quita a los criminales habituales de la calle.

ESTUDIO DE PALABRAS

Ejercicio 1 Study the following cognates that appear in this chapter.

el control	la variedad	la asociación
la serie	la infracción	la rotulación
la norma	la murmuración	el psiquiatra
la conducta	el ostracismo	la desviación
el estilo	la perversión	el sistema
el grupo	la actividad	el ofensor
la técnica	el cóctel	el crimen
la estrategia	el delincuente	la víctima
la forma	la banda	el homicidio
la profesión	el antecedente	el asalto
la sanción	el funcionamiento	el robo
el ridículo	el agente	el vehículo
el gesto	la violación	la prostitución
la autoridad	la expectativa	el uso
el oficial	el código	la marihuana
la conformidad	el período	la justicia
la obediencia	la depresión	el arresto
la jerarquía	la potencia	el arrestado
el capitán	el factor	la prisión

la sentencia   positivo   médico
el gobierno   moral   adversario
la comunidad   individual   inocente
la emergencia   juvenil   local
el acusado   estable   punitivo
la culpabilidad   honesto   habitual
la inocencia   grupal
el convicto   conformista   determinar
la población   delineado   conformarse
el incremento   inapropiado   imponer (la
el adulto   profundo   imposición)
la rehabilitación   social   internalizar
la disuasión   económico   condenar
la incapacitación   diferencial   participar
                      jurídico   facilitar
implícito   profesional   aceptar
adolescente   organizado   violar
burocrático   violento   reorganizar
primario   sexual   procesar
secundario   penal   oponer (la
militar   municipal   oposición)
grave   federal   curar
criminal   estatal   reducir

Ejercicio 2   Match the verbs in Column A with related nouns in Column B.

	A	**B**
1.	conformarse	a. la condena, el condenado
2.	obedecer	b. la rehabilitación
3.	variar	c. el arresto, el arrestado
4.	imponer	d. la conformidad
5.	murmurar	e. la obediencia
6.	condenar	f. la delineación
7.	participar	g. la variedad, la variación
8.	funcionar	h. la disuasión
9.	delinear	i. la imposición
10.	violar	j. la asociación, el asociado
11.	asociar	k. la murmuración
12.	rehabilitar	l. el uso
13.	ofender	m. la participación
14.	usar	n. la sentencia, el sentenciado
15.	arrestar	o. la oposición
16.	sentenciar	p. la violación, el violador, el violado
17.	acusar	q. el aumento
18.	oponer	r. la reorganización

19. disuadir	s. la ofensa, el ofensor, el ofendido
20. aumentar	t. la acusación, el acusador, el acusado
21. reorganizar	u. el funcionamiento

Ejercicio 3   Complete each expression with the appropriate word(s).

1. social control	el control _____
2. control agent	el _____ de control
3. serious infraction	la _____ grave
4. juvenile delinquent	el _____ juvenil
5. juvenile offender	el ofensor _____
6. stable background	antecedentes _____
7. inappropriate conduct	la _____ inapropiada
8. moral code	el código _____
9. period of profound social change	el _____ de profundo cambio social
10. economic depression	la depresión _____
11. differential association	la _____ diferencial
12. deviant conduct	la _____ desviada
13. primary deviation	la desviación _____
14. secondary deviation	la _____ secundaria
15. judicial system	el _____ jurídico
16. penal system	el sistema _____
17. penal code	el _____ penal
18. professional crime	el crimen _____
19. organized crime	el _____ organizado
20. violent crime	el crimen _____
21. victimless crime	el crimen sin _____
22. marijuana use	el _____ de marihuana
23. municipal government	el gobierno _____
24. state government	el _____ estatal
25. federal government	el gobierno _____
26. federal or state penitentiary	la penitenciaría _____ o estatal
27. local jail	la cárcel _____
28. jail population	la _____ penal
29. medical emergency	la _____ médica
30. traffic control	el _____ de tránsito
31. male adult	el varón _____

Ejercicio 4   Select the appropriate word(s) to complete each statement.

1. La manera que tiene uno de hacer algo es su _____.
   a. norma   b. estilo   c. gesto
2. Un _____ es una expresión, un ademán o un movimiento que se emplea para expresar algo.

a. gesto   b. despido   c. vehículo
3. El robo de un _____ motorizado es en muchos lugares un delito (crimen) bastante común.
   a. código   b. adulto   c. vehículo
4. Un individuo acusado de un delito (crimen) es _____ hasta que se le pruebe culpable.
   a. punitivo   b. víctima   c. inocente
5. Han probado su culpabilidad. El jurado le ha declarado culpable de un delito mayor. El juez va a pronunciar la _____.
   a. sentencia   b. violación   c. infracción
6. Le va a _____ a 20 años en la penitenciaría federal.
   a. acusar   b. condenar   c. arrestar
7. Un agente de control social es el _____.
   a. policía   b. arrestado   c. desviado
8. El hace lo que le da la gana (quiere), pero siempre dentro de la ley. El no es _____.
   a. adversario   b. conformista   c. inocente
9. A veces la rehabilitación puede _____ al delincuente o desviado.
   a. curar   b. aceptar   c. determinar
10. _____ es un ejemplo de un crimen o delito sin víctima.
    a. El robo de un vehículo   b. El homicidio   c. La prostitución
11. Muchos jóvenes tienden a formar y andar en _____.
    a. asociaciones   b. bandas   c. movimientos

Ejercicio 5   Select the verb that forms a logical statement.
1. (conformar / reorganizar) el sistema
2. (oponer / rehabilitar) al delincuente juvenil
3. (arrestar / determinar) al acusado
4. (condenar / imponer) al convicto
5. (reducir / procesar) el caso
6. (conformarse / delinear) a las normas

Ejercicio 6   Give the word or expression being defined.
1. lo que hace una persona, la manera de comportarse
2. incluido pero no expresado
3. el que tiene entre 13 y 19 años
4. lo absurdo
5. la aceptación a hacer algo, como, por ejemplo, seguir las normas establecidas voluntariamente
6. el cumplimiento de la voluntad del que manda como, por ejemplo, el profesor, el padre o la madre, el policía, etc.
7. el quebrantamiento de (la acción de no obedecer, de no seguir) una ley, norma, moral, etc.
8. serio

9. la exclusión forzosa de la comunidad
10. conforme a antecedentes o costumbres
11. permanente, firme, constante
12. el grupo
13. infringir, quebrantar (no obedecer) una ley
14. el período de malas condiciones económicas
15. la acción de tomar lo que no le pertenece, de tomar la propiedad o las posesiones de otro, de tomar lo ajeno
16. el automóvil, el camión, etc.
17. la muerte de una persona causada por otra
18. el acusado de un crimen y sentenciado por ello
19. la responsabilidad por haber causado lo que ha pasado

Ejercicio 7   Match the English word or expression in Column A with its Spanish equivalent in Column B.

A	B
1. rule	a. el extrañamiento
2. law	b. la pena, el castigo
3. regulation	c. el despido
4. location	d. la desviación
5. to obey	e. el reglamento
6. to submit to	f. la regla
7. estrangement	g. la ley
8. firing, release	h. la mirada
9. fine	i. el propósito
10. jailing	j. la ubicación
11. look	k. el desviado
12. purpose	l. obedecer
13. punishment	m. someterse a
14. deviation	n. la tasa
15. crime	o. el encarcelamiento
16. deviant (person)	p. la multa
17. rate	q. el delito

Ejercicio 8   Give the word or expression being defined.
1. una regla impuesta por una autoridad superior legal
2. una ley básica o un estatuto
3. una colección de reglas
4. el castigo que se le impone al que ha cometido un delito o crimen
5. donde está colocado o situado algo
6. el crimen, la violación de la ley
7. cumplir (hacer, llevar a cabo) la voluntad (lo que quiere o exige) de quien manda (tiene autoridad superior)
8. la acción de no seguir la norma, no hacer lo que se espera

Ejercicio 9 Complete each statement with the appropriate word(s).
1. El me dio una _____ de disgusto.
2. La rama legislativa del gobierno establece las _____.
3. El que no _____ la ley es delincuente.
4. El acusado tiene que _____ a interrogatorios.
5. El _____ es una pena grave.
6. Todo lo que hacemos en la vida tiene su _____.
7. El _____ es la acción de perder el empleo, muchas veces por haber hecho algo que no fue aceptado por la administración.
8. La _____ de criminalidad en muchas ciudades grandes está en

_____.

Ejercicio 10 Match the English word or expression in Column A with its Spanish equivalent in Column B.

A	B
1. prejudice	a. el escalamiento
2. to infringe, violate (a law)	b. el testigo
3. to separate, remove oneself	c. los prejuicios
4. to threaten	d. culpable
5. to punish	e. infringir
6. to support, back up	f. apoyar
7. exposure	g. el latrocinio, el hurto
8. marking, labeling	h. la corte
9. white collar	i. amenazar
10. rape	j. los juegos de azar
11. breaking and entering	k. el interrogatorio
12. robbery, thievery	l. castigar
13. arson	m. la cárcel
14. gambling	n. la exposición
15. felony	o. el juez
16. misdemeanor	p. el señalamiento
17. court	q. la parte
18. interrogation	r. cuello blanco
19. witness	s. apartarse
20. guilty	t. la violación (sexual)
21. judge	u. el abogado
22. lawyer	v. el incendio premeditado
23. party	w. el delito mayor
24. jail	x. el delito menor

Ejercicio 11 Complete each statement with the appropriate word(s).
1. La _____ repetida a comportamiento criminal puede conducir a un joven a la delincuencia.
2. Es mejor _____ de un ambiente o lugar donde ocurren actividades y comportamientos criminales.

3. Muchos jóvenes dan _____ de su potencial comportamiento criminal.
4. El _____ existe cuando uno entra en el hogar o lugar de trabajo de un individuo para robarle sus posesiones.
5. El _____ es el acto de robar a escondidas sin intimidación ni violencia.
6. Yo lo voy a _____ porque estoy a favor de todo lo que quiere hacer.
7. La mujer es en la mayoría de los casos la víctima de _____.
8. Los _____ son ilegales en la mayoría de los estados pero no en Nevada.
9. Un acusado es inocente hasta que se le pruebe _____.
10. Si no se puede resolver un conflicto tiene que recurrir a las _____.
11. En las cortes el _____ o el jurado decide el caso.
12. Cada parte en el juicio *(suit)* tiene un _____ que la representa.
13. El _____ es el que ha visto o presenciado la comisión del delito.
14. La _____ es una prisión local.
15. El abogado de la parte acusada puede estar presente durante el _____, que es una serie de preguntas.
16. Un principio del sistema penal es que de una manera u otra hay que _____ al culpable.
17. Durante el arresto, el criminal violento empezó a _____ a los policías que lo arrestaban.

COMPRENSION

Ejercicio 1   True or false?
1. Cada sociedad o cultura tiene normas que determinan lo que es conducta apropiada y no apropiada.
2. Los niños aprenden el control social de sus amiguitos infantiles.
3. El control informal de la conducta se ve más en el lugar de trabajo.
4. Según el sociólogo Milgram hay dos niveles de control social: la conformidad y la obediencia.
5. Se le impone el control social al individuo cuando su comportamiento sale de las normas.
6. La desviación para el sociólogo es una perversión o actividad criminal.
7. La anomia tiende a ocurrir durante períodos de profundos cambios sociales.
8. Durante una revolución la conformidad y la obediencia tienen más potencia e importancia que nunca.
9. Los sociólogos tienen una lista larguísima de categorías de delito.
10. La policía está informada de la mayoría de los delitos cometidos en los EE.UU.
11. Los policías dedican la mayoría de su tiempo al control y a la disuasión del crimen.
12. En los EE.UU. el acusado es inocente hasta que se le pruebe culpable.

Ejercicio 2   Answer.
 1. ¿Qué es el control social?
 2. ¿Dónde o de quiénes aprenden normas de conducta los adolescentes?
 3. ¿A qué se someten los adultos?
 4. ¿Cómo se lleva a cabo el control social formal?
 5. ¿Cuál es la diferencia entre la conformidad y la obediencia?
 6. ¿Cuál es el propósito del control social?
 7. Para el sociólogo, ¿qué es la desviación?
 8. ¿Cuándo se caracteriza la desviación de delito?
 9. ¿Cómo pueden ser las desviaciones agentes de cambio?
10. ¿Qué es la anomia?
11. ¿Quiénes tienen un papel importante en la determinación de quién es desviado o no?
12. ¿Cuáles son las cinco categorías de delito según los sociólogos?
13. ¿Qué fines tiene el encarcelamiento?
14. ¿En qué se basa la idea de que el encarcelamiento es una disuasión a la criminalidad?

Ejercicio 3   Give examples of each of the following.
 1. normas formales de conducta
 2. normas implícitas
 3. sanciones informales
 4. sanciones formales
 5. desviación positiva y moral
 6. desviación individual
 7. desviación grupal
 8. desviación primaria
 9. desviación secundaria
10. delitos de índice
11. delitos sin víctima

Ejercicio 4   Select the appropriate word(s) to complete each statement.
 1. Las sanciones son (informales / formales) cuando las infracciones de las normas de conducta social no son graves.
 2. Las murmuraciones, la risa y el ostracismo son ejemplos de sanciones (formales / informales).
 3. Lo que se considera «desviación» (varía / no cambia) de una sociedad a otra.
 4. Según los proponentes del propósito punitivo del encarcelamiento, el castigo ayuda a (mantener un sentido de orden moral / rehabilitar) al criminal.
 5. Los adeptos a la rehabilitación consideran al criminal como (un enfermo / una víctima) de la sociedad.

Ejercicio 5   Explain the meaning of the following.
El sistema jurídico se preocupa mucho en no «rotular» de criminales a los ofensores juveniles.

Capítulo 5
ROLES SEXUALES / MATRIMONIO Y FAMILIA

Rol determinado por sexo

Las sociedades determinan sus jerarquías según varios factores: clase social, etnicidad, raza. También la estratificación social se basa en el sexo del individuo. Los roles sexuales son aquellos comportamientos que se esperan de los varones y las hembras. No hay aspecto de la vida social más arraigado[1] que la orientación de la persona hacia el sexo, el ser masculino o femenino. A pesar de que el sexo es una característica biológica fundamental, se define y se aprende socialmente. Los roles sexuales tienen una influencia significativa en casi todas las relaciones y actividades humanas por importantes o triviales que sean.

La identidad sexual Entre el año y medio y los tres años de edad, el niño aprende que es varón o hembra. Esta identidad sexual es una de las primeras y más importantes de las identidades que aprende la persona. Esta identidad se basa, en parte, en las obvias diferencias biológicas, de las cuales la más importante es la capacidad procreadora de la hembra.

Los roles sexuales Las características básicas de los roles sexuales apropiados se aprenden muy temprano y se mantienen durante toda la vida. Lo primero es la identidad sexual. Poco después, y por medio de la socialización, los niños aprenden cuales son los comportamientos que se esperan de ellos y cuales comportamientos les son inapropiados como miembros de su sexo.

En términos sociológicos, el sexo es un status adscrito; se le da a la persona cuando nace, y rara vez se puede cambiar. Los tres temas que enfocan los sociólogos modernos en cuanto a los roles sexuales son los siguientes.

- Los roles sexuales se aprenden. Se aprenden los tipos de conducta que la sociedad espera de ellos y también cómo comportarse dentro de los límites de conducta establecidos para cada sexo.
- Según se definía tradicionalmente, el rol femenino colocaba a la hembra en una posición subordinada y de sacrificio con relación al varón.
- Los roles sexuales tradicionales son desventajosos[2] para las mujeres en las profesiones y carreras y en otros aspectos de la vida.

---

[1]*rooted*   [2]*disadvantageous, unfavorable*

Numerosos estudios de diferentes culturas confirman que varones y hembras son capaces de una gran variedad de comportamientos. Las tareas propias de un sexo u otro son muy diferentes de una cultura a otra. Las diferencias culturales en los roles de hombres y mujeres tienen una base social, y no biológica, en la mayoría de los casos. ¿Quién lleva el pelo largo, y quién el pelo corto? ¿Quién lleva peluca[3], polvo[4] y encaje[5]? Depende de la cultura y de la época, no del sexo. Los roles sexuales, entonces, son las expectaciones que se tienen en la sociedad sobre las actitudes, actividades y comportamientos propios de cada sexo.

Rasgos instrumentales y rasgos expresivos Los rasgos de personalidad que se les atribuía tradicionalmente a varones y hembras pueden agruparse dentro de dos categorías: los instrumentales y los expresivos. Los rasgos instrumentales de la personalidad se orientan hacia la acción y los logros materiales. Los rasgos expresivos se asocian con el sostén emocional y la comodidad. Cuando estos rasgos se expresaban en términos de conducta, entonces se esperaba que los varones trabajaran y ganaran dinero y que las mujeres cuidaran de los esposos e hijos. Hoy, a pesar de que la mujer trabaja fuera de casa, todavía se espera que provea el sostén expresivo y emocional tradicional. La verdad es que las variaciones dentro de un rasgo—agresividad, competencia, dependencia, afecto—son mayores entre los miembros de un sexo que entre los dos sexos.

Cambios en los roles sexuales En los países industrializados las expectaciones para los miembros de los dos sexos están cambiando radicalmente. Pocos son los roles sociales totalmente limitados a uno u otro sexo. Las mujeres trabajan ahora en profesiones e industrias antes exclusivamente masculinas. Las mujeres optan por tener o no tener hijos. Los hombres toman licencia para quedarse en casa y cuidar de los niños recién nacidos. Los esposos están presentes cuando sus esposas dan a luz.

Los antropólogos han citado tantos ejemplos de diferencias entre cultura y cultura en cuanto a las expectaciones para varones y hembras que es obvio que la cultura y la socialización son los factores que más determinan los roles sexuales y no los factores biológicos o congénitos. Se debe notar que en 1950 las mujeres que vivían con sus esposos representaban el 24% de la fuerza laboral. En 1990 eran casi el 50%. De las mujeres con hijos menores de 18 años, el 28% trabajaba en 1950. En 1990 ya eran más del 68%.

La familia

Esta es una de las instituciones básicas de la sociedad. Para los sociólogos es un grupo social cuyos miembros están ligados por sangre, matrimonio o adopción, y que viven juntos, colaboran en lo económico y crían a los niños. Hoy día se ven otras definiciones de «familia». Para muchos los vínculos psicológicos son lo más importante. Arguyen que cualquier relación duradera[6]—heterosexual u homosexual—debe considerarse «familia».

---

[3]*wig*   [4]*face powder*   [5]*lace*   [6]*lasting*

Familia «nuclear» y familia «consanguínea» Aunque les falten instituciones médicas, educativas, políticas y económicas, a ninguna sociedad le falta un sistema familiar. Las dos formas de familia son «la nuclear» y «la consanguínea». En la familia nuclear, los esposos y sus hijos forman el centro o foco; los otros parientes son marginales. En cambio, la familia consanguínea se basa en la relación de sangre más que en la conyugal. La familia consanguínea, también llamada «familia extensa», es un clan que incluye a todos los parientes consanguíneos con sus cónyuges e hijos. En las sociedades agrarias la familia extensa ayuda a satisfacer las necesidades económicas, sociales y emocionales cuando la autosubsistencia es crítica para la supervivencia. En los países industrializados la familia nuclear es la más común y la más importante. Los deberes y las responsabilidades esenciales corresponden a la familia nuclear. En las sociedades de familia nuclear, el individuo típicamente pertenece a dos familias nucleares, primero a la familia de orientación, donde es el hijo o uno de los hijos de un matrimonio, y después a la familia de procreación, donde es uno de los esposos y padre o madre de hijos. En la familia consanguínea los esposos son marginales. En muchas sociedades de familia consanguínea, los tíos tienen tanta responsabilidad por sus sobrinos como por sus propios hijos. La determinación de responsabilidades depende muchas veces de la «línea».

Ascendencia Las sociedades describen su ascendencia y heredan propiedades de una de estas tres maneras: en forma patrilinear, matrilinear o bilinear. En la primera la ascendencia y la herencia es por el lado paterno, del padre. En algunas sociedades la pareja vive con la familia del marido —residencia patrilocal— donde el varón más viejo es la autoridad y el que toma las decisiones para toda la familia. Este sistema familiar se denomina «patriarcal». En la forma matrilinear el control y la herencia se ejercen por el lado de la familia de la esposa, y los esposos viven en una residencia matrilocal. A esta clase de familia se le llama «matriarcal». El tercer tipo es bilinear, donde los dos lados de la familia tienen igual importancia. En los EE.UU. la ascendencia es bilinear, aunque los apellidos se heredan por línea paterna. En los países hispanos los hijos heredan tanto el apellido del padre como el de la madre.

El parentesco En todos los tipos de familia hay una serie de relaciones establecidas por sangre, por matrimonio, por adopción. Los lazos que unen a estas personas se llaman «parentesco». El parentesco permite identificar y organizar las relaciones que existen entre los miembros de una familia.

El matrimonio

Casi todas las sociedades han dado a la familia ciertas responsabilidades y funciones, entre ellas la de regular la conducta sexual y la reproducción; cuidar y proteger a los niños y a otras personas indefensas como los ancianos; socializar a los hijos; determinar el status de los hijos. Para ayudar a llevar a cabo estas funciones, en muchas sociedades, se ha establecido el matrimonio.

Endogamia y exogamia La selección de un cónyuge está sujeta a las reglas de endogamia y exogamia, dependiendo de la sociedad. En la primera, se exige que el cónyuge sea miembro del mismo grupo. En la segunda, es obligatorio que el cónyuge sea de fuera del grupo. La endogamia asegura la continuidad e identidad del grupo.

Toda sociedad tiene reglas sobre quienes son aceptables como cónyuges. Los grupos religiosos, étnicos y raciales a menudo tienen normas rígidas sobre quien puede casarse con quien. Las reglas de la exogamia prohíben el matrimonio o las relaciones sexuales entre personas con parentesco de consanguinidad. Es el tabú del incesto. En los países industrializados de Europa y Norteamérica es común que las parejas se escojan a sí mismos, libremente. Este es un requisito del «amor romántico». La otra forma de escoger al cónyuge es por acuerdo entre familias. En muchas sociedades el matrimonio es un contrato entre dos familias al que se entra después de unas negociaciones prolongadas, con frecuencia para el beneficio económico de las dos partes.

ESTUDIO DE PALABRAS

Ejercicio 1   Study the following cognates that appear in this chapter.

el rol	el indefenso	homosexual
el matrimonio	el cónyuge	médico
la familia	la endogamia	educativo
la clase	la exogamia	político
la etnicidad	la continuidad	económico
la estratificación	el tabú	familiar
el individuo	el incesto	nuclear
la orientación	el contrato	marginal
la característica	la negociación	conyugal
la actividad	el clan	esencial
la identidad	la necesidad	paterno
la capacidad	la autosuficiencia	materno
el tema	la responsabilidad	patrilinear
el límite		matrilinear
la posición	sexual	bilinear
la profesión	social	patriarcal
la carrera	biológico	matriarcal
la época	humano	patrilocal
la expectación	trivial	matrilocal
la actitud	procreador	aceptable
la personalidad	femenino	prolongado
la acción	masculino	extenso
la agresividad	subordinado	agrario
la competencia	sacrificador	
la dependencia	instrumental	confirmar
el antropólogo	expresivo	orientarse
la adopción	material	proveer (la
el centro	emocional	provisión)
el foco	industrializado	optar
la ascendencia	congénito	socializar
la línea	psicológico	satisfacer (la
la línea paterna	heterosexual	satisfacción)

Ejercicio 2   Complete each expression with the appropriate word(s).

1. sex roles   los _____ sexuales
2. sexual orientation   la _____ sexual
3. biological parents   los padres _____
4. adoptive parents   los _____ adoptivos
5. subordinate position   la posición _____
6. industrialized countries   los países _____
7. agrarian society   la _____ agraria
8. family system   el _____ familiar
9. extended family   la _____ extensa
10. nuclear family   la _____ nuclear
11. patriarchal society   la sociedad _____
12. matriarchal society   la _____ matriarcal
13. economic benefit   el beneficio _____

Ejercicio 3   Give the adjective form for each of the following.

1. del matrimonio
2. del padre
3. de la madre
4. de la familia
5. de la biología
6. de la procreación
7. de las emociones
8. de la industria
9. de la psicología
10. de la heterosexualidad
11. de la homosexualidad
12. de la medicina
13. de la política
14. de la economía
15. de los cónyuges
16. del margen
17. de la educación

Ejercicio 4   Match the word in Column A with its definition in Column B.

A	B
1. el tabú	a. corroborar la verdad, asegurar
2. el individuo	b. el período de tiempo
3. trivial	c. el grupo familiar
4. confirmar	d. dar, suministrar o distribuir lo necesario
5. la época	e. trabajar junto con alguien
6. la actitud	f. escoger, seleccionar
7. proveer	

8. la competencia
9. la dependencia
10. optar
11. colaborar
12. el centro
13. el cónyuge
14. la responsabilidad
15. el incesto
16. esencial
17. el contrato
18. el clan

g. la persona
h. necesario
i. el esposo
j. de poca importancia
k. el acuerdo formal
l. la prohibición
m. el deber
n. la manifestación externa del ánimo
o. el foco
p. la rivalidad
q. lo contrario de «autosuficiencia»
r. las relaciones sexuales con un(a) pariente cercano(a)

Ejercicio 5   Match the English word or expression in Column A with its Spanish equivalent in Column B.

A

1. male
2. female
3. task, chore, job
4. trait, feature
5. achievement, success
6. support
7. comfort
8. affection
9. blood
10. tie, bond, connection

B

a. el vínculo, el lazo
b. el rasgo
c. el afecto
d. la comodidad
e. el varón
f. la hembra
g. el logro
h. la sangre
i. la tarea
j. el sostén

Ejercicio 6   Complete each statement with the appropriate word(s).

1. En muchas sociedades primitivas cada miembro del grupo tiene su _____, inclusivo los niños.
2. La mayoría de los niños dependen de sus padres por el _____ emocional que necesitan.
3. Los miembros de la misma familia (los parientes consanguíneos) tienen muchos _____ similares.
4. El del sexo masculino es el _____ y la del sexo femenino es la _____.
5. Los _____ materiales se consideran muy importantes en algunas sociedades y en otras no.
6. Los _____ familiares son muy importantes en muchas sociedades.
7. La _____ une a los parientes consanguíneos.
8. El (La) que da _____, da amor y cariño.
9. Ellos viven muy bien, con toda _____.

Ejercicio 7   Match the English word or expression in Column A with its Spanish equivalent in Column B.

A	B
1. to care	a. el pariente
2. to give birth	b. el marido
3. to tie, bind, join	c. la mujer, la esposa
4. child rearing	d. cuidar
5. related by blood	e. el deber
6. relative	f. dar a luz
7. duty	g. la fuerza laboral
8. to inherit	h. heredar
9. couple	i. consanguíneo
10. husband	j. ligar
11. wife	k. la pareja
12. survival	l. la crianza de niños
13. work force	m. la supervivencia
14. aged person	n. el anciano

Ejercicio 8   Give the word or expression being defined.
1. el esposo
2. la esposa
3. los esposos o los comprometidos
4. el conjunto de todos los que trabajan
5. recibir de los padres u otros parientes
6. los tíos, los sobrinos, los abuelos, etc.
7. el proceso de educar y nutrir a los niños
8. la obligación, la responsabilidad
9. preocuparse de la salud y de la manutención de alguien
10. unir
11. una persona de edad avanzada
12. parir, tener un bebé

COMPRENSION

Ejercicio 1   True or false?
1. Los roles sexuales son los comportamientos que se esperan de cada sexo según las normas establecidas por la sociedad.
2. Según el sociólogo, el sexo es un status adquirido.
3. Los roles sexuales se aprenden.
4. Los roles sexuales tradicionales son más ventajosos para las mujeres que para los hombres.
5. En la mayoría de los casos los roles culturales de los sexos tienen una base biológica.
6. Es la mujer la que tradicionalmente provee el sostén expresivo y emocional.

7. En los países industrializados las expectaciones para los varones y las hembras no cambian casi nunca.
8. La cultura y la socialización son los factores que más determinan los roles sexuales.
9. Son los factores biológicos o congénitos los que más determinan los roles sexuales.
10. La familia extensa es la familia nuclear.

Ejercicio 2 Answer.
1. ¿Qué es el sexo y cómo se define?
2. ¿Qué aprenden los niños de la sexualidad por medio de la socialización?
3. ¿Qué son los roles sexuales?
4. ¿Qué son los rasgos instrumentales de la personalidad?
5. ¿Qué son los rasgos expresivos de la personalidad?
6. ¿Cómo están cambiando los roles sexuales en los países industrializados?
7. Para los sociólogos, ¿qué es la familia?
8. ¿En qué sentido se ven actualmente otras definiciones de «familia»?
9. En la mayoría de los países industrializados, ¿tiene más importancia la familia nuclear o la consanguínea?
10. En una familia patriarcal, ¿quién toma las decisiones?
11. ¿Qué es el parentesco?
12. ¿Cuáles son algunas responsabilidades y funciones del matrimonio?
13. ¿Cuál es un requisito del «amor romántico»?
14. En muchas sociedades, ¿qué es el matrimonio?

Ejercicio 3 Explain the following terms.
1. los rasgos instrumentales de la personalidad
2. los rasgos expresivos de la personalidad
3. la familia nuclear
4. la familia consanguínea
5. la herencia por línea patrilinear
6. la herencia por línea matrilinear
7. la endogamia
8. la exogamia

Ejercicio 4 Explain.
1. ¿Cómo es posible que en una familia consanguínea los padres sean marginales?
2. ¿Cómo existe la endogamia o la exogamia dentro de la sociedad de los Estados Unidos?

Capítulo 6
ESTRATIFICACION SOCIAL /
MOVILIDAD SOCIAL

Estratificación social

En cualquier sociedad grande los individuos se diferencian de varias maneras, por razones biológicas (sexo, raza, tamaño), por sus costumbres personales y por sus intereses sociales. La diferenciación social ocurre cuando las diferencias personales, adquiridas socialmente o heredadas, sirven para determinar las funciones del individuo dentro de la sociedad, su status y sus roles.

Si los status, los roles y las funciones se categorizan de diferente manera en cuanto a su importancia y algunos se valoran más que otros, entonces existe un sistema de desigualdad social. La estratificación existe cuando el sistema de desigualdad social se basa en una jerarquía de grupos. La estratificación es, entonces, una categorización de grupos de personas que establece y perpetúa un sistema de desigualdades económicas y de desigualdad en poder social y político. Las consecuencias de la estratificación se ven en la desigualdad en la distribución de patrimonio e ingresos en las sociedades industriales. El patrimonio se entiende como el conjunto de bienes que pertenecen a una persona y que tienen un valor económico. Los ingresos son las ganancias económicas, el dinero que entra por medio de salarios, intereses, dividendos, etc.

Métodos para estudiar la estratificación

Los tres métodos que se usan para estudiar la estratificación son el método subjetivo, el objetivo y el método por reputación.

Método subjetivo El primero le permite al individuo situarse a sí mismo dentro del sistema de categorización social. El método subjetivo se basa en la idea de que la gente puede reconocer su propia clase social igual que reconoce su raza, su sexo o su edad. Claro está que mucha gente define su clase social en base a sus aspiraciones y no necesariamente en la realidad objetiva.

Método objetivo El método objetivo se basa en las estadísticas. Se les asigna a las personas a una clase social según criterios como profesión, ingreso, educación y residencia.

Método por reputación El método por reputación se basa en la evaluación que hacen algunos individuos para determinar la clase social que corresponde a otros. Este método es útil sobre todo en comunidades pequeñas donde todos los vecinos se conocen bien.

Sistemas de estratificación

Los sistemas de estratificación pueden contener elementos de uno o más de los cuatro sistemas clásicos que son: la esclavitud, el sistema de castas, el feudalismo o el sistema de estados y el sistema de clases sociales.

La esclavitud En la esclavitud, la forma más extrema de desigualdad social, los esclavos son propiedad de otras personas. En la Grecia antigua, la mayoría de los esclavos eran prisioneros de guerra. El status de esclavo podía cambiar según el resultado de una batalla entre dos «polis» o ciudades-estados. En las Américas se impusieron impedimentos legales y raciales contra la manumisión de los esclavos.

El sistema de castas Las castas son sistemas fijos y hereditarios de categorización, generalmente determinados por la religión. En la India hay cuatro castas o varnas principales: los bramines, los kshatriya, los vaisya y los sudra. Hay una quinta casta que se compone de los harijan, o intocables. A los intocables les toca el trabajo más sucio y despreciable. Uno nace dentro de una casta, se casa dentro de su casta y su trabajo es determinado por su casta.

El feudalismo El feudalismo, o sistema de estados, se basaba en el trabajo de los campesinos para un señor o noble que era dueño de los terrenos. Los nobles les arrendaban las tierras a los campesinos a cambio de varios servicios, incluso el servicio militar y una porción de sus cosechas[1]. Los nobles heredaban sus títulos y propiedades. Los campesinos nacían con su status inferior dentro de una sociedad agraria. Para fines del siglo XII aparecieron otros estados, o clases de personas, que componían el pueblo: los sacerdotes, los mercaderes y los artesanos. En Francia y en Inglaterra en los tiempos feudales había tres estados: el clero, los nobles y los comunes.

El sistema de clases sociales Un sistema de clases se basa mayormente en las condiciones económicas de las personas. A pesar de que hay más movilidad entre niveles de estratificación en un sistema de clases, todavía existen jerarquías y divisiones estables de clases y una distribución desigual de poder y riqueza.

En los EE.UU. comúnmente se divide la sociedad en las siguientes clases: la alta, la media-alta, la media-baja, la obrera y la baja. La clase alta goza de gran poder en los sectores públicos y privados. Tiene mucho dinero, un nivel alto de educación y estabilidad familiar. La clase alta se divide en dos. La alta-alta se compone de familias que descienden de la clase alta, que han pertenecido a esa clase por varias generaciones. La clase alta-baja se compone de familias «nuevos ricos» que acaban de entrar por primera vez en la clase alta. La clase media-alta tiene un alto nivel de ingresos y de educación. Le da mucho valor al ahorro y al planeamiento para el futuro. En esta clase se ven administradores y profesionales. Participan en actividades políticas y comunitarias. La clase media-baja se compone de trabajadores de «cuello blanco». Los maestros de escuela, las enfermeras[2], los representantes de ventas, los gerentes de nivel intermedio, típicamente son miembros

---

[1]*crops*   [2]*nurses*

de esta clase. Ellos también le dan mucho valor al ahorro, al planeamiento para el futuro y a la educación universitaria.

En la clase obrera están los trabajadores calificados y semi-calificados, los que trabajan en la industria y en empresas públicas y privadas. En general sus ingresos les limitan a satisfacer sus necesidades inmediatas, sin poder proveer para el futuro. Su educación formal tiende a ser relativamente limitada. No obstante, hay muchos obreros calificados cuyos ingresos se aproximan a los de la clase media.

La clase baja se compone de las personas en el nivel más bajo de la sociedad. Muchos de ellos nunca consiguen trabajo. Son desempleados permanentes. Son ellos los que recurren a la asistencia social. Su educación es mínima. Muchos son analfabetos. Su estado de salud es, a menudo, frágil, y su promedio de vida es el más bajo de todas las clases sociales.

Movilidad social

La movilidad social se refiere al movimiento de una persona de un status a otro. El movimiento puede ser hacia arriba o hacia abajo. Los sociólogos han enfocado en dos tipos de movilidad: movilidad intergeneracional e intrageneracional.

Movilidad intergeneracional (vertical) El primero se refiere a las diferencias entre el status de los hijos y el de los padres. Los sociólogos comparan la clase social de los padres con la de los hijos, especialmente el hijo varón. Si el hijo tiene más dinero, más educación o un empleo de mayor prestigio, se dice que ha experimentado la movilidad positiva o ascendente. Si está en una posición inferior a la de sus padres en cualquiera de estas dimensiones, se dice que ha experimentado movilidad intergeneracional negativa o descendente. Estos dos tipos de movilidad se llaman «movilidad vertical», que es el cambio de status cuando uno pasa de una clase social a otra.

Movilidad intrageneracional (horizontal) También existe la movilidad horizontal que ocurre cuando un individuo cambia de rol o de ocupación dentro del mismo nivel social sin que se afecte su status social. La movilidad intrageneracional es el movimiento de individuos dentro de la jerarquía durante su vida. Los sociólogos se interesan en donde comienzan los individuos sus carreras y donde las terminan. El que comienza de obrero y termina de abogado obviamente ha experimentado la movilidad ascendente. Pero el que empieza como catedrático de universidad y termina como borracho[3] y vagabundo ha sufrido la movilidad descendente.

Movilidad estructural (vertical) Otro tipo de movilidad vertical se conoce como movilidad estructural. Este término se refiere al movimiento vertical de un grupo, clase u ocupación en comparación con otros en el sistema de estratificación. Cambios en el mercado laboral, cambios históricos o cambios tecnológicos pueden hacer que suba o baje un grupo ocupacional dentro de la

---

[3]*alcoholic*

jerarquía social. Un ejemplo serían los oficiales militares en tiempo de guerra o los técnicos y expertos en informática[4] en la época de las computadoras.

Hasta en las sociedades donde la movilidad social es más común, los cambios son mínimos. Casi siempre los cambios son de un nivel a un nivel adyacente, de la clase baja a la clase obrera, por ejemplo. Grandes cambios, como de la clase baja a la clase alta, son rarísimos.

Sistemas «abiertos» y «cerrados» Los «sistemas abiertos» son aquéllos donde la gente puede cambiar de status con relativa facilidad. Aquellos sistemas donde el cambio de status es muy difícil de conseguir se llaman «sistemas cerrados». El sistema estadounidense se puede considerar relativamente abierto. El sistema de castas de la India es un sistema cerrado.

Los sociólogos han identificado una serie de factores que pueden afectar la movilidad social, entre los cuales están: la raza o grupo étnico, el sexo, la educación, el tamaño de la familia, el matrimonio y la gratificación diferida.

---

[4]*computer science*

ESTUDIO DE PALABRAS

Ejercicio 1   Study the following cognates that appear in this chapter.

la estratificación	el impedimento	público
la movilidad	el sistema	privado
el interés	el noble	comunitario
la diferenciación	el terreno	formal
la jerarquía	la porción	mínimo
la categorización	el título	intergeneracional
la consecuencia	el artesano	intrageneracional
la distribución	el sector	vertical
el salario	el planeamiento	horizontal
el dividendo	el futuro	ascendente
la aspiración	el profesional	descendente
la realidad	la actividad	estructural
la reputación	la industria	tecnológico
la estadística		
el criterio	industrial	diferenciarse
la profesión	económico	categorizarse
la educación	objetivo	establecer
la residencia	subjetivo	perpetuar
la evaluación	legal	situarse
la comunidad	racial	definir
la casta	fijo	participar
el feudalismo	hereditario	
el prisionero	militar	

Ejercicio 2   Complete each expression with the appropriate word(s).

1. social stratification   la _____ social
2. social mobility   la movilidad _____
3. social inequality   la desigualdad _____
4. social and political power   el poder _____ y

                                  _____
5. distribution of wealth   la _____ de patrimonio
                                  (riqueza)
6. social class   la _____ social
7. objective reality   la _____ objetiva
8. caste system   el _____ de castas
9. legal impediment   el _____ legal
10. lower status   un _____ inferior
11. agrarian society   una _____ agraria
12. public sector   el _____ público
13. private sector   el sector _____
14. education level   el nivel de _____
15. political activities   las _____ políticas
16. community activities   las _____ comunitarias
17. vertical mobility   la movilidad _____
18. horizontal mobility   la _____ horizontal
19. structural mobility   la _____ estructural
20. role change   el cambio de _____
21. working class   la _____ obrera

Ejercicio 3   Select what is being described.

    la profesión   la agricultura   la residencia
    la educación   la industria   la raza
    la comunidad   la artesanía   la etnicidad

1. el hospital, la policía, la iglesia, la escuela, la biblioteca, el mercado
2. el médico, el abogado, el profesor, el contable
3. la cerámica, la joyería, la cristalería
4. la blanca, la negra, la amarilla
5. el jardín infantil, la escuela elemental, la escuela intermedia, la escuela superior o secundaria, el colegio, la academia, la escuela tecnológica, la universidad
6. el campo, el campesino, el terreno, la hectárea, la finca, las cosechas, la ganadería
7. la fábrica, la máquina, la cadena de montaje, la manufactura
8. la casa, el chalé, el piso, el apartamento, el departamento
9. el eslavo, el latino, el árabe, el esquimal

Ejercicio 4   Match the word in Column A with its opposite in Column B.

A	B
1. objetivo	a. máximo
2. el noble	b. variable
3. privado	c. el ímpetu
4. la industria	d. subjetivo
5. mínimo	e. horizontal
6. vertical	f. el esclavo
7. descendente	g. superior
8. el impedimento	h. público
9. inferior	i. la agricultura
10. fijo	j. ascendente

Ejercicio 5   Give the word or expression being defined.
1. lo que existe sin ninguna duda
2. el reparto
3. lo que uno quiere hacer o lograr
4. de la comunidad
5. la tierra, el lote, el solar
6. la vivienda, la casa
7. el empleo u oficio que alguien ejerce
8. colocarse, ponerse en un lugar
9. lo que resulta de algo
10. la fama
11. una reunión de personas que viven juntas
12. lo que uno hace como trabajo
13. tomar parte en
14. el porvenir, lo contrario de «el pasado»

Ejercicio 6   Match the English word or expression in Column A with its Spanish equivalent in Column B.

A	B
1. inequality	a. el patrimonio
2. power	b. el ingreso
3. worth, estate, wealth	c. casarse
4. income	d. adyacente
5. goods	e. la desigualdad
6. earnings	f. el poder
7. freeing	g. el intocable
8. slave	h. las ganancias
9. slavery	i. los bienes
10. untouchable	j. el campesino

11. peasant, country person
12. to marry
13. to rent, lease
14. adjacent

k. la manumisión
l. arrendar
m. el esclavo
n. la esclavitud

Ejercicio 7   Complete each statement with the appropriate word(s).
1. Aún si la causa no es evidente el comportamiento desviado suele tener una causa _____.
2. No hay duda que existen _____ en una sociedad que tiene diferentes clases sociales.
3. La _____ es la _____ más grave y su víctima es el _____ que tiene que someterse a su dueño.
4. En la India donde existe un sistema de castas, los _____ son los más desafortunados y comprenden el rango más bajo de la estratificación social.
5. Los bienes y el dinero que uno tiene forman parte de su _____.
6. La única fuente de _____ que él tiene es su sueldo (salario). No recibe dividendos ni intereses.
7. No es raro que los ricos o adinerados tengan más _____ que los que tienen menos recursos económicos.
8. La _____ de los esclavos se efectuó en los EE.UU. en 1865.

Ejercicio 8   Give the word or expression being defined.
1. contraer matrimonio
2. el dinero que uno recibe en salarios, dividendos, etc.
3. el habitante de una zona rural
4. las posesiones, lo que tiene un individuo
5. alquilar, rentar
6. la acción de conceder la libertad a los esclavos
7. el individuo que tiene dueño, que es propiedad de otro
8. los ingresos y bienes totales de un individuo

Ejercicio 9   Match the English word or expression in Column A with its Spanish equivalent in Column B.

A	B
1. manager	a. el trabajador calificado
2. middle manager	b. el trabajador de «cuello blanco»
3. white-collar worker	c. la fuerza laboral
4. skilled laborer	d. el administrador
5. unskilled laborer	e. el ahorro
6. enterprise	f. el gerente de nivel intermedio
7. unemployed	g. la asistencia social
8. welfare	h. el trabajador no calificado
9. savings	i. el desempleado
10. work force	j. la empresa

Ejercicio 10   Tell what is being described.
1. el dinero que se guarda para el futuro
2. el director de una empresa
3. el trabajador que tiene talento o habilidades para hacer cierta clase de trabajo
4. el trabajador que no tiene formación en ningún tipo específico de trabajo
5. la población activa, el conjunto de todos los que trabajan
6. el que quiere y busca trabajo sin poder encontrarlo
7. una compañía, un comercio, una sociedad
8. el jefe de un departamento en una empresa
9. lo que el gobierno ofrece para subvencionar a los necesitados, a los que no tienen los recursos necesarios para satisfacer sus propias necesidades y las de sus dependientes
10. el que trabaja (tiene un empleo) en una oficina, no en una fábrica

Ejercicio 11   Match the English word or expression in Column A with its Spanish equivalent in Column B.

A	B
1. priest	a. el nivel
2. clergy	b. la salud
3. merchant	c. el sacerdote
4. noble	d. (el) poder y (la) riqueza
5. commoners	e. el clero
6. level	f. el promedio de vida
7. power and wealth	g. el mercader
8. illiterate	h. analfabeto
9. health	i. el noble
10. average life span	j. los comunes

Ejercicio 12   Complete each statement with the appropriate word(s).
1. El _____ de vida es más alto en los países industrializados que en los países en vías de desarrollo.
2. El _____ no sabe ni leer ni escribir. Hay más _____ en los países en vías de desarrollo que en los países industrializados.
3. El padre Serrano es _____ de la orden de los franciscanos descalzos.
4. Los sacerdotes católicos, los ministros protestantes, los predicadores evangelistas y los rabinos judíos (hebreos) son todos miembros del _____.
5. El _____ es más alto en los países que tienen buenos servicios médicos y los habitantes gozan de buena _____.
6. Los ricos tienen más _____ y _____ que los pobres.
7. Los nobles y los _____ son términos que vienen de la historia de Inglaterra y otros países.
8. El _____ es un comerciante, o sea, un individuo cuyos ingresos vienen de la venta y (o) compra de mercancías.

COMPRENSION _____

Ejercicio 1   True or false?
1. La estratificación existe cuando el sistema de desigualdad social se basa en una jerarquía de grupos.
2. La estratificación es una categorización de grupos de personas que establecen un sistema de desigualdades económicas.
3. La estratificación no incluye una desigualdad en poder social y político.
4. El método subjetivo de estudiar la estratificación se basa en el concepto de que uno puede reconocer su propia clase social igual que puede reconocer su raza, sexo o edad.
5. Mucha gente define su clase social por sus aspiraciones y no por una realidad objetiva.
6. Las castas son sistemas fijos y hereditarios de categorización social.
7. Las castas no tienen nada que ver con la religión, sólo con la raza o etnicidad.
8. El sistema de castas no existe actualmente en ninguna parte.
9. Si el hijo tiene más dinero, más educación o un empleo de mayor prestigio que sus padres, se dice que ha experimentado la movilidad intergeneracional positiva o ascendente.
10. La movilidad intergeneracional es el movimiento de individuos dentro de la jerarquía social durante su vida.
11. Cambios tecnológicos o cambios en el mercado laboral pueden afectar el nivel de un grupo ocupacional dentro de la jerarquía social.
12. Grandes cambios en la jerarquía social como de la clase baja a la clase alta son muy comunes en sociedades abiertas como la de los Estados Unidos.

Ejercicio 2   Complete each statement with the appropriate words.
1. En una sociedad grande, los individuos se diferencian por _____, _____ y _____.
2. Los ingresos son _____ y _____.
3. Los tres métodos para estudiar la estratificación son _____, _____ y _____.
4. Los cuatro sistemas clásicos de estratificación son _____, _____, _____ y _____.
5. En Inglaterra y en Francia en la época feudal había tres clases o estados: _____, _____ y _____.
6. Según los sociólogos hay dos tipos de movilidad social: _____ y _____.
7. Los factores que pueden afectar la movilidad social son _____, _____, _____ y _____.

Ejercicio 3   Answer.
1. ¿Cuándo existe un sistema de desigualdad social?
2. ¿Dónde se ven las consecuencias de la estratificación?

3. ¿Qué es el patrimonio?
4. ¿Dónde es más usado el método de estratificación por reputación?
5. ¿Cuál es la forma más extrema de desigualdad social?
6. ¿Qué son los intocables?
7. ¿Cómo funcionó el feudalismo?
8. ¿A qué se refiere la movilidad social?
9. ¿Qué es la movilidad vertical?
10. ¿Qué es la movilidad horizontal?
11. ¿Les interesa a los sociólogos averiguar dónde los individuos comienzan su carrera y dónde la terminan?
12. ¿Cuál es un ejemplo de movilidad ascendente?
13. ¿Cuál es un ejemplo de movilidad descendente?
14. ¿Cuál es la diferencia entre un sistema de estratificación abierto y un sistema de estratificación cerrado?

Ejercicio 4   Give some characteristics of each of the following.
1. la clase alta en los Estados Unidos
2. la clase alta-alta y la clase alta-baja
3. la clase media-alta
4. la clase media-baja
5. la clase obrera
6. la clase baja

Capítulo 7
POBLACION Y ECOLOGIA / COMUNIDADES

La demografía

Para comprender una sociedad en términos sociológicos, hay que conocer varias características de la población. Es importante saber el tamaño de la población, los tipos de personas que la componen y si la población está creciendo o disminuyendo. La ciencia que tiene el propósito de estudiar estos fenómenos es la demografía.

Fertilidad, mortalidad y migración Los demógrafos enfocan en tres procesos fundamentales para estudiar una población: la fertilidad, la mortalidad y la migración. La fertilidad se refiere al número de hijos que tiene el promedio de las mujeres de edad reproductora, o sea, la tasa de reproducción de una sociedad. La mortalidad se refiere a las muertes y tasas de mortalidad de una población específica. La migración es el cambio de residencia más o menos permanente, el traslado de personas de un lugar geográfico a otro.

La composición poblacional Los demógrafos también se refieren a la composición poblacional. La composición son las características de la población tales como el sexo, la edad, la raza, la religión, el grupo étnico, el estado civil, la residencia (rural o urbana), la educación, la profesión, las rentas. La tasa bruta de natalidad es el número de nacimientos vivos por cada 1.000 personas en una población en un año dado. Esta estadística se relaciona con la fertilidad. Otro término relacionado a estos dos es la fecundidad. La fecundidad es el número potencial de niños que podrían nacer si cada mujer tuviera todos los hijos posibles. La fertilidad nunca es igual que la fecundidad porque intervienen varios factores culturales, sociales y biológicos que limitan la reproducción prolífica.

La tasa de mortalidad infantil es el número de muertes entre niños de menos de un año de edad por cada 1.000 nacimientos vivos. El promedio de vida es el número de años que el promedio de niños, al nacer, pueden esperar vivir. La tasa de crecimiento de una sociedad es la diferencia entre nacimientos y muertes, más la diferencia entre inmigrantes y emigrantes, por cada 1.000 personas en la población.

Cuando los demógrafos hablan de migración, distinguen entre la migración interna y la migración internacional. La migración interna se refiere al movimiento de personas de una región a otra dentro de un mismo país. La migración internacional es el movimiento de personas de un país a otro.

La teoría maltusiana El historiador y economista inglés, Thomas Robert Malthus, escribió un ensayo en 1798 entitulado «Ensayo sobre los principios de la población». Malthus declaró que las poblaciones humanas crecían más rápidamente que las fuentes de alimentos necesarios para darles de comer. Según él, la producción agrícola incrementaba de modo aritmético, mientras que la población crecía de modo geométrico. Sólo el hambre, las guerras y las pestes podían controlar el crecimiento excesivo.

La transición demográfica Esta teoría mantiene que el proceso de modernización se asocia con tres etapas de cambio poblacional. La primera etapa es la de alto crecimiento potencial. Es típica de las áreas subdesarrolladas. Se caracteriza por tasas altas tanto de natalidad como de mortalidad. La población es relativamente estable. Cuando las sociedades llegan a controlar las tasas de mortalidad, el crecimiento será rápido.

La segunda etapa es de crecimiento transicional. Las tasas de mortalidad bajan a causa de adelantos tecnológicos y médicos, y las tasas de nacimiento siguen altas. Durante esta etapa la población crece rápidamente.

La tercera etapa es la estabilidad demográfica. Las tasas de natalidad, igual que las tasas de mortalidad, son bajas. Esta etapa es típica de las sociedades muy industrializadas, donde la familia nuclear es la norma y las familias grandes son mal vistas. En estas sociedades la fertilidad se controla mediante anticonceptivos y otras técnicas que les permiten a las sociedades tener una mortalidad baja y una fertilidad baja, que se aproxima al crecimiento demográfico próximo a cero.

La ecología

El rápido crecimiento demográfico en muchas partes del mundo les ha obligado a la gente a preocuparse del medio ambiente y de los potenciales efectos dañinos que este crecimiento tiene sobre el medio ambiente. La ecología es el estudio científico de la relación entre los organismos y su ambiente físico. El ecólogo estudia las influencias del hombre en el medio ambiente y vice versa.

El ecosistema Un ecosistema es una comunidad relativamente estable de organismos que han establecido entre sí unos intercambios y conexiones dentro de su hábitat natural. Los ecólogos enfatizan que la supervivencia humana depende de la habilidad del humano de mantener el equilibrio entre todos los componentes vivientes y no vivientes de la biosfera. La contaminación del medio ambiente y el consumo de los recursos naturales ponen en peligro el mismo medio físico que forma la base de la vida humana.

La contaminación Los desechos y otras sustancias nocivas contaminan el medio ambiente y tienen un efecto nocivo sobre la salud pública y los ecosistemas. Las sustancias químicas, los metales y otras sustancias contaminan las aguas. La contaminación del aire es otro problema grave. Los bosques en Norteamérica y Europa central se ven afectados por la lluvia ácida que se produce con la quema de carbón y petróleo. Las emisiones se convierten en partículas en la atmósfera que luego vuelven a la tierra en forma de lluvia, nieve o neblina altamente acídicas. Los pesticidas químicos y los desechos radiactivos son también unas formas muy peligrosas de contaminación.

El consumo de recursos Desde tiempos prehistóricos el hombre ha abusado de los recursos naturales. Ha cazado animales hasta su extinción. Ha creado desiertos donde había bosques, cortando todos los árboles para poder sembrar[1]. Sin árboles las lluvias causan erosión, y en poco tiempo las tierras quedan yermas. Hoy se teme que los bosques tropicales desaparezcan en pocos años causando una catástrofe ecológica. En grandes áreas del mundo el abastecimiento de agua es problemático. Se ha despilfarrado el agua de tal manera que ya no hay para las necesidades básicas.

Comunidades

Para el sociólogo, una comunidad es una unidad social compuesta de personas que viven en la misma área geográfica, que comparten una cultura común y que tienen una identidad colectiva. Las sociedades primitivas empleaban una tecnología de subsistencia. Es decir, empleaban los conocimientos, las herramientas[2] y los procesos necesarios para sobrevivir. Cazaban[3] y pescaban[4]. Recolectaban[5] frutas y nueces silvestres[6].

Cuando la gente decidió cultivar los alimentos, cuando se dedicaron a la agricultura, la organización social humana empezó a cambiar radicalmente. Ya no tenían que ir de un lugar a otro en busca de comida. La agricultura les obligaba a desarrollar comunidades más estables y duraderas. Mientras más complicadas las técnicas agrícolas, más importante era la división de labores entre familiares y otros.

La ciudad Las primeras ciudades se levantaron entre 4.000 y 3.000 antes de Cristo, en Mesopotamia, el valle del Nilo en Egipto, el valle del Indus en India y la cuenca del río Amarillo en China. En estos lugares había un clima seco, tierras fértiles, mucho sol y agua abundante para la irrigación—todos importantes para la agricultura.

Cuando se llegó a realizar un excedente de producto, llamado «superávit social», en este caso, de alimento, es decir, más comida de lo necesario para sobrevivir, se podía trocar comida por productos y servicios no agrícolas. Con el superávit social venía una división de labor más complicada, lo cual resultó en mayor diferenciación, una jerarquía de ocupaciones y desigualdad social. El excedente social trajo consigo la fundación de la ciudad y las clases sociales.

La ciudad preindustrial Antes de la Revolución industrial, las ciudades rara vez tenían una población superior a los 5.000 o 10.000. Excepciones eran Roma, Bagdad y algunas ciudades del Japón y de China. Las poblaciones urbanas casi nunca representaban más del 10% de la población nacional. Los habitantes de estas ciudades dependían de los agricultores que vivían fuera del núcleo urbano.

Varios factores limitaban el tamaño de los centros urbanos: limitaciones de transporte y de conservación de alimentos; malas condiciones higiénicas y de saneamiento y el peligro de ataques por enemigos. También los sistemas de castas o de feudo ligaban a los campesinos a la tierra, limitando la urbanización.

La urbanización Es el movimiento demográfico del campo a la ciudad. La Revolución industrial dio el gran impulso a la urbanización. Las fábricas atraían a los campesinos. Las ciudades necesitaban mano de obra para las fábricas, pero

---

[1] *to sow* [2] *tools* [3] *They hunted* [4] *they fished* [5] *They harvested* [6] *wild nuts*

también para la construcción y mantenimiento de numerosos servicios urbanos: el transporte, puentes y caminos, hospitales, servicios de policía y bomberos, escuelas, sistemas de abastecimiento de agua y de alcantarillado.

El crecimiento urbano se autoalimentaba. Las ciudades industriales no eran solamente más grandes, su organización social era diferente. En las ciudades preindustriales el status se basaba en características adscritas. Sólo los miembros de las élites se educaban. En las ciudades industriales, poco a poco, los niños de la clase obrera tenían acceso a la educación formal. Los individuos talentosos y ambiciosos tenían mayor oportunidad de ascender en la jerarquía social, de mejorar su status.

ESTUDIO DE PALABRAS

Ejercicio 1   Study the following cognates that appear in this chapter.

la población	el equilibrio	la élite
la ecología	la biosfera	el status
la comunidad	el consumo	
la demografía	los recursos	fundamental
el tipo	la sustancia	reproductor
el fenómeno	el metal	permanente
el demógrafo	la contaminación	geográfico
el proceso	el carbón	poblacional
la fertilidad	el petróleo	rural
la mortalidad	la emisión	urbano
la migración	la partícula	prolífico
la residencia	la atmósfera	infantil
la composición	el pesticida	interno
la fecundidad	la extinción	internacional
la reproducción	el desierto	agrícola
el inmigrante	la erosión	excesivo
el emigrante	la catástrofe	estable
la teoría	la subsistencia	tecnológico
la producción	la agricultura	médico
la peste	la división	anticonceptivo
la transición	la labor	científico
la modernización	el clima	físico
el área	la irrigación	natural
el efecto	la jerarquía	humano
el estudio	la ocupación	público
el organismo	la fundación	químico
el ecólogo	el núcleo	radiactivo
el ecosistema	el transporte	tropical
la conexión	la urbanización	ecológico
el hábitat	el impulso	fértil

abundante   intervenir   abusar
higiénico   incrementar   cultivar
talentoso   controlar   dedicarse
ambicioso   enfatizar (el énfasis) limitar
                   depender   educarse
disminuir   mantener
enfocar   convertir

Ejercicio 2   Match the verbs in Column A with related nouns in Column B.

	A	B
1.	poblar	a. el mantenimiento
2.	enfocar	b. la reproducción
3.	emigrar	c. el cultivo
4.	inmigrar	d. la población
5.	intervenir	e. el incremento
6.	reproducir	f. el enfoque
7.	incrementar	g. el abuso
8.	controlar	h. la emigración, el emigrante
9.	estudiar	i. la inmigración, el inmigrante
10.	cultivar	j. el cultivo
11.	enfatizar	k. el transporte
12.	mantener	l. la intervención
13.	equilibrar	m. el énfasis
14.	consumir	n. el equilibrio
15.	emitir	o. el estudio
16.	abusar	p. el control
17.	cultivar	q. el consumo
18.	transportar	r. la emisión

Ejercicio 3   Complete each expression with the appropriate word(s).

1. in sociological terms   en términos _____
2. reproductive age   la edad _____
3. change of residence   el cambio de _____
4. permanent residence   la residencia _____
5. population composition   la _____ poblacional
6. ethnic group   el _____ étnico
7. cultural factors   los _____ culturales
8. infant mortality   la _____ infantil
9. internal migration   la _____ interna
10. outward migration   la _____ internacional
11. agricultural production   la _____ agrícola
12. excessive growth   el crecimiento _____
13. demographic transition   la transición _____
14. modernization process   el proceso de _____

15. population change
16. technological advances
17. medical advances
18. natural habitat
19. human survival
20. public health
21. air pollution
22. chemical substances
23. acid rain
24. radioactive waste
25. natural resources
26. tropical forest
27. geographical area
28. agricultural techniques
29. urban population
30. urban center

el cambio _____
los adelantos _____
los _____ médicos
el hábitat _____
la supervivencia _____
la salud _____
la contaminación del _____
las _____ químicas
la lluvia _____
los desechos _____
los recursos _____
el bosque _____
el _____ geográfica
las _____ agrícolas
la población _____
el _____ urbano

Ejercicio 4   Complete each statement with the appropriate word(s).

1. La _____ es el estudio científico de los tipos de personas que componen una población, el tamaño de la población y si está creciendo (aumentando) o disminuyendo.
2. La _____ es el cambio de residencia más o menos permanente.
3. La _____ es el estudio científico de los organismos y su relación con el ambiente físico.
4. El _____ es una comunidad bastante estable de organismos en su hábitat natural.
5. La _____ y la _____ tienen que ver con la reproducción, la capacidad de reproducir.
6. La _____ es el número de habitantes de una comunidad, ciudad, estado o nación.
7. Donde vive uno es su _____.
8. La _____ es el cultivo de la tierra.
9. El conjunto de condiciones atmosféricas que caracterizan una región es el _____.
10. El movimiento de un producto o bien de un lugar a otro es _____.

Ejercicio 5   Match the word in Column A with its definition in Column B.

A	B
1. disminuir	a. el empleo, el oficio
2. fundamental	b. el conjunto de las fases de una operación o actividad
3. el proceso	
4. permanente	c. del campo
5. rural	d. bajar
6. prolífico	e. fijo, de siempre

7. urbano	f. permanente, duradero, fijo, firme
8. excesivo	g. básico
9. el área	h. de la ciudad
10. estable	i. el trabajo
11. abusar	j. que puede engendrar o multiplicar
12. la labor	k. la zona, la región
13. la ocupación	l. una enfermedad contagiosa que causa
14. la peste	gran mortalidad
	m. demasiado
	n. maltratar

Ejercicio 6   Match the English word or expression in Column A with its Spanish equivalent in Column B.

A	B
1. size	a. la tasa de mortalidad
2. to grow	b. el promedio de vida
3. average	c. la tasa de natalidad
4. mortality rate	d. el estado civil
5. transfer	e. el tamaño
6. income	f. la tasa de crecimiento
7. marital status	g. la fuente de alimentos
8. birth rate	h. crecer
9. live births	i. el traslado
10. average life span	j. el promedio
11. growth rate	k. los nacimientos vivos
12. source of food	l. las rentas

Ejercicio 7   Give the word or expression being defined.
1. el punto medio en una distribución
2. si uno está casado o soltero
3. los ingresos, el dinero que uno recibe o gana
4. el número de años que suele vivir la gente
5. el número de nacimientos por cada mil habitantes
6. los lugares de donde viene la comida
7. el volumen o la dimensión de una cosa, grande o pequeña
8. la acción de mover una cosa de un lugar a otro
9. aumentar de tamaño

Ejercicio 8   Match the English word or expression in Column A with its Spanish equivalent in Column B.

A	B
1. to feed	a. subdesarrollado
2. hunger	b. la contaminación
3. war	c. la lluvia ácida
4. underdeveloped	d. dar de comer
5. advance	e. el abastecimiento

6. environment	f. el hambre
7. harmful	g. poner en peligro
8. pollution	h. la guerra
9. to endanger	i. la quema
10. wastes	j. el adelanto
11. harmful, noxious	k. nocivo
12. acid rain	l. el medio ambiente
13. burning	m. los desechos
14. replenishment	n. dañino

Ejercicio 9   Complete each statement with the appropriate word(s).

1. Como hay que darles _____ a todos es necesario tener muchas fuentes de alimentos.
2. El _____ y la desnutrición son problemas serios en muchas áreas subdesarrolladas.
3. La _____ de la vegetación densa de la jungla o selva tropical causa mucho humo y contamina el aire.
4. La contaminación del _____ es uno de los problemas más serios de nuestra época.
5. El crecimiento casi incontrolable de la población tiene muchos efectos _____ sobre el medio ambiente.
6. La lluvia _____ es _____.
7. Los científicos han hecho muchos _____ pero a pesar de estos _____ no han podido eliminar la contaminación.
8. Los _____ industriales contaminan nuestro medio ambiente, sobre todo el aire y el agua.
9. El país _____ es el que no tiene industria o tiene muy poca.
10. La _____ que puede ser el resultado de un conflicto entre dos o más pueblos causa mucha destrucción.
11. El _____ de los bienes necesarios es importante para la supervivencia del pueblo.
12. Las emisiones químicas que frecuentemente son tóxicas _____ la calidad del aire que respiramos.

Ejercicio 10   Match the English word or expression in Column A with its Spanish equivalent in Column B.

A	**B**
1. knowledge, know-how	a. el alcantarillado
2. to develop	b. duradero
3. to waste	c. los conocimientos
4. deserted, uninhabited	d. desarrollar
5. lasting	e. trocar
6. excess	f. la mano de obra
7. surplus	g. la fabricación

8. to trade, barter
9. manufacturing
10. manpower
11. bridges and roads
12. sewer system

h. despilfarrar
i. los puentes y caminos
j. yermo
k. el excedente
l. el superávit

Ejercicio 11   Complete each statement with the appropriate word(s).
1. El departamento de _____ tiene la responsabilidad del transporte por tierra.
2. El conjunto de obreros o trabajadores es la _____.
3. Una empresa fabril se dedica a la _____ de bienes (productos).
4. El excedente es el _____, o sea, lo contrario de «el déficit».
5. Los _____ industriales causan grandes problemas ambientales y ecológicos.
6. El _____ es el conjunto de los conductos subterráneos para recoger las aguas sucias y los desechos.
7. Algunos de los metales son muy _____. Duran mucho.
8. Muchos desiertos son áreas _____.

Ejercicio 12   Give the word or expression being defined.
1. cambiar una cosa por otra
2. el residuo, el desperdicio
3. el entendimiento, la inteligencia
4. la acción de hacer algo por medios mecánicos o industriales
5. lo que sobra, lo contrario de «el déficit»
6. inhabitado, desierto
7. consumir o usar de una manera exagerada, sin cuidado

COMPRENSION

Ejercicio 1   Select the appropriate word to complete each statement.
1. Cuando las sociedades lleguen a controlar las tasas de mortalidad, el crecimiento será (rápido / lento).
2. Durante la etapa de crecimiento transicional las tasas de mortalidad (suben / bajan) y las tasas de nacimiento siguen altas.
3. Durante una etapa de estabilidad demográfica, las tasas de natalidad son (bajas / altas).
4. La mayoría de las antiguas ciudades preindustriales eran (grandes / pequeñas).

Ejercicio 2   Answer.
1. En términos sociológicos, ¿cuáles son algunas de las características de la población que hay que conocer?
2. ¿Qué es la composición de la población?

3. ¿Cuál es la diferencia entre la migración interna y la migración internacional?
4. Según Malthus, ¿qué podía controlar el crecimiento poblacional excesivo?
5. De las tres etapas de cambio poblacional, ¿cuál es la más típica de las sociedades industrializadas? ¿Por qué?
6. ¿Qué le ha obligado a hacer la gente el rápido crecimiento demográfico en muchas partes del mundo?
7. ¿Qué le pone en peligro al medio físico?
8. ¿Cuál es la causa de la lluvia ácida?
9. Para el sociólogo, ¿qué es una comunidad?
10. ¿Cuándo empezó a cambiar radicalmente la organización social humana? ¿Por qué?
11. ¿Cuándo empezó la gente a trocar bienes?
12. ¿Qué resultó del superávit social?
13. ¿De quiénes dependían los habitantes de las ciudades antiguas?
14. ¿Qué factores limitaban el tamaño de los antiguos centros urbanos?
15. ¿Qué dio gran impulso a la urbanización? ¿Por qué?
16. ¿En qué se diferencia la organización social de las ciudades industriales de la de las ciudades preindustriales?

Ejercicio 3   Define the following.
1. la demografía
2. la fertilidad
3. la mortalidad
4. la migración
5. la tasa bruta de natalidad
6. la fecundidad
7. la tasa de mortalidad infantil
8. el promedio de vida
9. la tasa de crecimiento
10. la ecología
11. el ecosistema
12. el superávit social
13. la urbanización

Ejercicio 4   Follow the directions.
Dé algunos ejemplos de como el hombre ha abusado de los recursos naturales durante toda su historia.

Capítulo 8
EL INDIVIDUO Y LA PERSONALIDAD / LA INTERACCION SOCIAL

El «sí mismo»

El individuo es a la vez producto de y creador de la sociedad, de la cultura y de todas las organizaciones y grupos sociales. La sociedad y sus instituciones tienen mucha influencia en la formación del individuo, pero cada individuo está expuesto a tantas interacciones únicas y particulares durante su vida que jamás hay dos personas idénticas en una sociedad ni en la misma familia. El segundo hijo en una familia tiene una serie de experiencias muy distintas a las del hermano mayor. Los padres son más viejos. Se interactúa con tres y no sólo dos individuos, etc.

Para ser verdaderamente un humano socializado, el individuo tiene que desarrollar una identidad y personalidad propiamente suya. A esta identidad se le denomina el «sí mismo», la percepción consciente que tiene el individuo de su propia persona como distinta a otras. Cuando uno habla de «yo» o de «mí» se refiere a su «sí mismo». Nadie nace con un «sí mismo», sino que se desarrolla y se modifica a través del tiempo por medio de la socialización y las interacciones sociales.

El «sí mismo reflejo» (**El espejo del «yo»**) El sociólogo Charles Horton Cooley (1864-1929) originó el concepto del «sí mismo reflejo». Según Cooley, hay tres fases en la creación de la imagen que tiene la persona de su «sí mismo». En la primera fase la persona se imagina cómo otros lo ven—la familia, los amigos y hasta la gente en la calle. En la segunda fase el individuo se imagina la percepción que tienen otros de él: si es raro, atractivo, inteligente, tímido, etc. En la tercera fase el individuo crea su propia imagen de su persona, basándose en lo que cree ser las percepciones que tienen otros de él. Lo importante es que el «sí mismo» resulta de lo que el individuo imagina ser las reacciones de otros, o la imagen que otros tienen de él, que puede ser totalmente errónea. Una persona brillante puede creerse estúpida si sus padres y sus maestros desprecian[1] o nunca reconocen sus talentos y logros.

La teoría del rol George Herbert Mead (1863-1931) desarrolló un modelo de tres etapas para describir el proceso por el que se crea el «sí mismo». En la etapa

---

[1]*disparage, belittle*

preparatoria el niño imita a otros, especialmente a los miembros de la familia con quienes interactúa. Más tarde, los niños aprenden a usar símbolos—los gestos, objetos y el lenguaje—que forman la base de la comunicación humana. Como parte del proceso de socialización, los niños aprenden los símbolos propios de su cultura. La segunda etapa es la etapa de representación. Los niños empiezan a comprender las relaciones sociales, y así pueden imitar las acciones de otros, en particular las personas mayores. El niño hace el papel de padre o madre, héroe, doctor, policía. Un aspecto importante de esta fase es el préstamo de rol, el proceso por el que se asume la perspectiva de otra persona, y así puede responder de acuerdo con esa perspectiva imaginada. La tercera etapa en el modelo de Mead es la etapa de juego. A los ocho o nueve años el niño está consciente de varias posiciones sociales, incluso el suyo. Puede responder apropiadamente a muchos miembros de su medio social.

Mead también desarrolló el concepto del «otro generalizado» para referirse a la conciencia que tiene el niño de las expectaciones, actitudes y puntos de vista de la sociedad en general. El niño ya comprende lo que son ocupaciones y posiciones sociales específicas, está consciente de los roles de otros. Mead también empleó el término «otro significativo» para referirse a aquellas personas que son las más importantes en el desarrollo del «sí mismo». Son las personas que aconsejan y orientan al individuo. Este papel de «otro significativo» lo desempeñan con frecuencia los padres, los sacerdotes, los amigos y los maestros. Mead consideraba que el «sí mismo» consistía de dos partes: el «yo» sujeto y el «yo» objeto. El primero lleva las características únicas e individuales del «sí mismo». Cuando la persona actúa de manera espontánea e impredecible[2], es el «yo» sujeto que actúa. El «yo» objeto, en cambio, refleja las normas y valores de la sociedad. Mira al «sí mismo» de afuera, de forma objetiva, como lo haría otra persona, y tiende a controlar los impulsos del «yo» sujeto.

La personalidad

La socialización y la cultura son muy importantes en la formación de lo que se conoce como personalidad. Pero también intervienen la herencia y el medio físico. El humano recibe los genes de sus padres. Los genes le dan al individuo ciertas características comunes a todos los seres humanos normales—órganos, sentidos, impulsos orgánicos. También recibe unas características que le diferencian de otros: el color de su piel, ojos y pelo, el tamaño físico, los rasgos faciales. La cultura, a veces, interpreta las características físicas de tal manera que pueden afectar la personalidad. «Los gordos tienen buen humor.» «Los que tienen labios finos son malhumorados.» Las interpretaciones y no los rasgos mismos son los factores que afectan la personalidad.

El medio físico, los factores geográficos, topográficos y climatológicos influyen en la conducta, pero no determinan la conducta. Si determinasen la conducta entonces se podría predecir la conducta humana bajo determinadas

---

[2]*unpredictable*

condiciones del medio físico. A pesar de que muchos han tratado de explicar la personalidad por medio de factores ambientales, los científicos están de acuerdo, generalmente, sobre el papel secundario del medio físico en el desarrollo de la personalidad.

La personalidad es, pues, producto tanto de la naturaleza, las características heredadas por los genes y la experiencia. No hay característica humana que pueda ocurrir sin una herencia apropiada o una experiencia apropiada. Algunas conductas pueden ser producto principalmente de herencia y otras de experiencia, pero todas se influencian por ambas. Parece que la herencia le predispone al individuo hacia ciertas conductas e impone ciertos límites. Pero el ambiente moldea la expresión de las conductas.

Interacción social

La habilidad humana para pensar es de primordial[3] importancia en las interacciones entre personas. La gente tiene que interpretar y definir las acciones de otros y no solamente reaccionar. Las interpretaciones de las interacciones reflejan las normas y valores de la cultura dominante y el efecto de la socialización del individuo dentro de esa cultura.

La interacción social es la influencia mutua y recíproca de dos o más personas sobre sus conductas. Las interacciones sociales se llevan a cabo dentro de los límites de conducta que se consideran apropiados en la sociedad y en el contexto social específico. Claro está que los límites varían de cultura a cultura y de una época a otra dentro de la misma cultura. Los individuos internalizan las normas de conducta de su sociedad para las diferentes interacciones sociales. Por internalizar se entiende que ellos creen en las normas y las aceptan como apropiadas y válidas.

Interpretación de la realidad   Según el sociólogo Herbert Blumer, el individuo responde a la conducta de otro según el significado que él le da a la acción. La realidad es determinada por la percepción, la evaluación y la definición. La definición de una situación es la interpretación que le damos a las circunstancias inmediatas.

Las definiciones de una situación pueden variar, pero sólo cuando llegamos a una comprensión mutua, podemos acordar nuestras acciones con las acciones de otras personas. Es decir, para hacer una compra, para cantar en un coro, etc., el individuo y los otros tienen que asignarle un significado similar a la situación.

---

[3]*utmost*

ESTUDIO DE PALABRAS

Ejercicio 1   Study the following cognates that appear in this chapter.

el individuo	la formación	la percepción
la personalidad	la experiencia	la creación
la interacción	el humano	la imagen
el creador	la identidad	la reacción

la teoría	el impulso	geográfico
el rol	el gene	topográfico
el modelo	el órgano	climatológico
el proceso	el contexto	dominante
el miembro	la evaluación	mutuo
el símbolo	la circunstancia	recíproco
el gesto		válido
la representación	único	inmediato
la relación	particular	
la perspectiva	idéntico	modificar
la posición	socializado	imitar
la conciencia	consciente	orientar
la expectación	erróneo	moldear
el sujeto	espontáneo	internalizar
el objeto	humano	

Ejercicio 2   Complete each statement with the appropriate word(s).

1. Cada individuo hereda _____ de sus padres.
2. Los pulmones y el corazón son _____ vitales.
3. La _____ que el individuo tiene de algo es su manera de verlo e interpretarlo.
4. Los _____ de la familia influyen mucho en el desarrollo de la personalidad de un niño.
5. Muchos niños tienen un _____ que quieren imitar.
6. El está _____ de lo que está haciendo y por qué lo está haciendo.
7. Lo que se espera es una _____.
8. El _____ representa algo.

Ejercicio 3   Match the word in Column A with its definition in Column B.

A	B
1. mutuo	a. la reproducción concreta o mental
2. válido	b. muy cercano
3. inmediato	c. recíproco
4. dominante	d. hacer, formar, adaptar
5. orientar	e. firme, seguro
6. moldear	f. singular, extraordinario
7. la imagen	g. prevaleciente, sobresaliente
8. imitar	h. de una manera natural, sin premeditación
9. único	i. dirigir (encaminar) una cosa hacia el fin
10. espontáneo	j. hacer lo mismo que hace otro

Ejercicio 4   Match the English word or expression in Column A with its Spanish equivalent in Column B.

A	B
1. to develop	a. hacer el papel
2. self-image	b. nacer
3. mirror self-image	c. predisponer
4. to be born	d. desarrollar
5. to play the role	e. desempeñar, llevar a cabo
6. role borrowing	f. el «sí mismo»
7. point of view	g. el «sí mismo reflejo»
8. to carry out	h. predecir
9. to predict	i. el préstamo de rol
10. predispose	j. el punto de vista

Ejercicio 5   Complete each statement with the appropriate word(s).
1. Es bastante difícil _____ con exactitud el tipo de personalidad que desarrollará el niño.
2. No obstante, hay factores hereditarios y experimentales que tienden a _____ en el individuo el desarrollo de ciertas características.
3. Uno no _____ con prejuicios ni conceptos culturales.
4. Cada individuo desarrolla una personalidad e identidad propiamente suya. A esta identidad suya se le denomina _____.
5. A los niños les gusta jugar y _____ de personajes famosos y de personas en posición de poder.
6. ¿Cuál es tu _____? Tienes que tener una opinión.
7. Todo el mundo tiene que _____ un rol.
8. El nuevo gobierno quiere _____ un plan de desarrollo.

Ejercicio 6   Match the English word or expression in Column A with its Spanish equivalent in Column B.

A	B
1. inheritance	a. el sentido
2. physical milieu (environment)	b. ambiental
3. sense	c. la herencia
4. skin	d. los rasgos faciales
5. physical size	e. el medio físico
6. facial features	f. el tamaño físico
7. environmental	g. la piel

Ejercicio 7   Complete each statement with the appropriate word(s).
1. Los _____ son el tacto, el oído, el gusto, la vista y el olfato.
2. Las circunstancias en que vive una persona es el _____.
3. Las condiciones _____ son muy malas a causa de la contaminación.
4. El color de la _____ varía de muy pálido a muy oscuro.
5. Ellos son muy atractivos. Tienen _____ agradables.

6. El _____ puede ser pequeño, mediano o grande.

7. La _____ es lo que heredamos, sobre todo de nuestros padres.

COMPRENSION

Ejercicio 1   True or false?

1. Todos nacemos con un «sí mismo».
2. El «sí mismo» resulta de lo que el individuo imagina ser la imagen que otros tienen de él.
3. La imagen del «sí mismo» es siempre correcta.
4. Después de aprender a usar símbolos, los niños empiezan a imitar a otros.
5. El «yo» sujeto refleja las normas y valores de la sociedad.
6. A veces la cultura interpreta las características físicas de tal manera que pueden afectar la personalidad.
7. El medio físico tiene el papel más importante en el desarrollo de la personalidad.
8. Algunas conductas son principalmente de herencia y otras de experiencia.
9. Los límites de conducta social que se consideran apropiados son constantes en casi todas las culturas.

Ejercicio 2   Answer.

1. ¿Por qué no hay dos personas idénticas en una sociedad?
2. ¿Qué tiene que desarrollar el individuo para ser un humano socializado?
3. ¿Qué es la percepción consciente que tiene el individuo de su propia persona?
4. ¿Por qué es importante el préstamo de rol?
5. ¿Qué interviene en el desarrollo de la personalidad?
6. ¿Cuál es la habilidad humana de primordial importancia en las interacciones entre personas?
7. ¿Cómo se llevan a cabo las interacciones sociales?
8. Según Blumer, ¿cómo es determinada la realidad en una interacción social?

Ejercicio 3   Put the three stages of Cooley's theory in order.

- el individuo se imagina la percepción que tienen otros de él
- el individuo se imagina como otros lo ven
- el individuo crea su propia imagen de su persona

Ejercicio 4   Explain the meaning of each of the following.

1. el otro generalizado
2. el otro significativo
3. el «yo» sujeto
4. el «yo» objeto

Capítulo 9
COMPORTAMIENTO COLECTIVO/ MOVIMIENTOS SOCIALES / ORGANIZACIONES FORMALES

Comportamiento colectivo

Los sociólogos, cuando hablan de comportamiento colectivo, se refieren a toda una gama de comportamientos de grupo desde las manías en los estilos, los juegos y la moda, las manifestaciones pacíficas, hasta los pánicos, los motines y las asonadas. La conducta colectiva es la conducta relativamente espontánea, impredecible y no estructurada de un grupo que se reacciona a un estímulo común en una situación ambigua. Los movimientos sociales también son, en cierta forma, manifestaciones de comportamiento colectivo.

Las colectividades (masas) El nombre que se le da a una colectividad específica depende de su fin y de su comportamiento. Las masas de personas que toman parte en una conducta colectiva se llaman «colectividades». Una colectividad se caracteriza por su falta de estructura, roles y jerarquías y su duración temporal.

Las muchedumbres Normalmente una muchedumbre es un grupo de personas que se reúnen, que están físicamente cerca unas de otras. Estas personas se reúnen porque tienen una preocupación en común, una preocupación que sirve de estímulo común para las personas que componen la muchedumbre.

Las muchedumbres son de varios tipos. La muchedumbre casual es un grupo de personas que tienen poco en común salvo su participación en un evento público; están mirando los escaparates de las tiendas o esperando el metro. Una muchedumbre convencional se compone de individuos que se reúnen para un fin específico. Se comportan según unas normas establecidas. Los que asisten a una conferencia, a un concierto o a una función teatral son una muchedumbre convencional. Una muchedumbre expresiva se reúne para expresar sus emociones y para estimularse. Ejemplos son los integrantes de algunas reuniones de despertamiento religioso[1] y de festivales de música rock. Una muchedumbre activa está en un estado exaltado y volátil. Las aceptadas normas de conducta no tienen peso. Estas muchedumbres pueden convertirse en turbas que actúan agresivamente, incontroladas. Pueden llegar a cometer delitos mayores como el incendio, el saqueo y el linchamiento.

---

[1] *revival meetings*

Algunas características de muchedumbres Las muchedumbres tienden a tener las siguientes características.

• **La sugestionabilidad** Porque no hay normas de conducta ni jerarquía reconocida, los individuos en una muchedumbre se ven más susceptibles a las ideas y direcciones de otros, lo cual no es usual en las situaciones normales.

• **La anonimia** En una muchedumbre el individuo se pierde. La anonimia hace más fácil el comportamiento no convencional y la pérdida del autocontrol. En estas condiciones la persona hace cosas que nunca haría si estuviera con gente conocida.

• **La impersonalidad** Los integrantes de una muchedumbre pueden perder la identidad personal y su sentido de responsabilidad.

• **La invulnerabilidad** Los miembros de una muchedumbre pueden sentirse más poderosos e invencibles dentro del grupo que en su vida cotidiana, normal y pacífica. Son más propensos a tomar parte en actividades agresivas y delictivas.

Factores que conducen al comportamiento colectivo

Hay ciertos factores que conducen al comportamiento colectivo.

La conductividad estructural Este término se refiere a las condiciones sociales que permiten que ocurra cierta forma de comportamiento colectivo. El pánico financiero que precipitó el desastre de la Bolsa de Valores en 1929 sólo puede ocurrir en sociedades avanzadas que tienen mercados de valores. Esto no puede ocurrir en sociedades primitivas. Las matanzas de hindúes y musulmanes en la India en 1947 sólo pudieron ocurrir si las dos poblaciones compartían la misma área geográfica.

La tensión estructural La tensión estructural ocurre cuando un grupo siente ansiedad ante el futuro y una falta de control sobre su situación. Un grupo puede sentir que sufre una injusticia y así manifestar hostilidad aunque la injusticia sea real o imaginada. La creencia generalizada es la definición de una situación como problema que necesita resolverse. Por medio de la interacción social, la gente identifica el problema y explora las posibles soluciones.

Los hechos catalizadores Un evento significativo sirve de catalizador para que las personas respondan colectivamente. Con frecuencia el evento es, de por sí, insignificante, pero por medio de rumores y exageraciones, llega a parecer muy importante. Unos rumores sobre la quiebra de un banco, aunque sean falsos, pueden resultar en la quiebra cuando todo el mundo retira sus fondos.

La movilización para la acción Después de que tiene lugar el hecho catalizador, el grupo se reúne y se organiza para actuar, corren los rumores y líderes aparecen espontáneamente. Para iniciar la acción colectiva hace falta una «masa crítica». Hay que haber un número mínimo de participantes para que estalle la acción.

El funcionamiento del control social Este es un factor preventivo o sofocante. El control social impide el desarrollo de los factores de comportamiento colectivo. El control social se efectúa de dos maneras. Hay controles que tienen el propósito de prevenir el comportamiento colectivo. Estos controles tratan de eliminar o reducir las tensiones estructurales. Los otros controles tratan de reprimir las manifestaciones de comportamiento colectivo después de que comiencen. Las fuerzas del orden (la policía) son los que se encargan de esto.

La teoría del contagio Algunos sociólogos creen que los individuos en una muchedumbre sufren una transformación radical. Cometen actos violentos y destructivos que jamás cometerían si estuvieran solos. El sociólogo francés, Gustave Le Bon (1841-1931) mantenía que la muchedumbre desarrollaba un estado emocional y una imaginería comunes y contagiosos mediante tres mecanismos: la imitación, la sugestionabilidad y la reacción circular. La teoría del contagio hace hincapié[2] en la importancia de las actitudes, sentimientos y acciones, aceptadas rápidamente y sin juicio por las muchedumbres.

Los movimientos sociales

Los movimientos sociales se definen como actividades colectivas organizadas con el propósito de efectuar o de impedir cambios fundamentales en la sociedad. Los movimientos sociales se contrastan con los otros comportamientos colectivos en que sus metas son cambios mucho más fundamentales y duraderos. Los movimientos sociales abarcan períodos de tiempo mucho más largos que las otras formas de comportamiento colectivo. Los movimientos sociales contrastan con las instituciones sociales ya que las instituciones son permanentes y los movimientos sociales no lo son.

Movimientos revolucionarios, reformistas, reaccionarios y expresivos Los movimientos se pueden categorizar según su ideología. Los movimientos revolucionarios tratan de cambiar la sociedad rápida y radicalmente. Los movimientos reformistas también tratan de cambiar la sociedad, pero dentro de las instituciones y sistemas de valores existentes. Los movimientos reaccionarios quieren cambiar la sociedad a lo que era en algún tiempo anterior. Quieren volver al pasado. Los movimientos expresivos no enfocan tanto en los cambios institucionales, sino en los cambios internos personales. Algunas sectas religiosas que predican un fin del mundo muy próximo y los *hippies* de los años 60 son movimientos expresivos.

Función de los movimientos sociales Algunos movimientos sociales obligan a los gobiernos y otras instituciones a reaccionar. En muchos casos las reacciones incluyen la adopción de algunas o todas las políticas del movimiento. Se dice, entonces, que el movimiento se ha institucionalizado. Ejemplos de movimientos sociales que se han institucionalizado son el movimiento en pro de los derechos civiles, el movimiento por el sufragio de las mujeres, el movimiento feminista, el movimiento en pro de los derechos de los minusválidos.

Las organizaciones formales

Una organización formal es un grupo de personas que se forma con el propósito de lograr metas específicas. Se diseña y se estructura el grupo para la

---

[2]*emphasizes*

máxima eficiencia. Las organizaciones formales son grupos secundarios. En los países industrializados como los EE.UU. hay una variedad de grandes organizaciones formales: los gobiernos municipales, estatales y federal; las gigantescas «multinacionales»; los sindicatos (las uniones); las enormes universidades estatales; los correos; las fuerzas armadas.

Las organizaciones son tan grandes, tienen tanto poder y tanta influencia en la vida pública y privada que se ha tenido que crear organizaciones para controlar las organizaciones. Las agencias regulatorias del gobierno federal y los gobiernos estatales tienen esa función. Las organizaciones formales se caracterizan por su tamaño, sus sistemas de reglas y procedimientos formalizados, sus jerarquías de mando. El sociólogo Amitai Etzioni ha indicado tres tipos de organizaciones formales: las voluntarias, las coercitivas y las utilitarias.

Organizaciones voluntarias Los miembros de organizaciones o asociaciones voluntarias tienen completa libertad para formar parte o abandonar la organización cuando quieran. Estas organizaciones son muy comunes en los países anglosajones. Los grupos de jardineros aficionados, de filatelistas[3], de jugadores de tenis y de servicio social voluntario son ejemplos de este tipo de organización. Los miembros se reúnen, sin compensación monetaria, para fines que pueden ser sociales, intelectuales o políticos.

Organizaciones coercitivas Las organizaciones coercitivas o coactivas no permiten la libertad de entrada ni salida. Algunas de estas organizaciones son los hospitales mentales, las penitenciarías, las fuerzas armadas y algunas escuelas privadas. Las características de estas organizaciones son la disciplina, la conformidad y la uniformidad de vestido, muebles y artículos.

Organizaciones utilitarias El tercer tipo de organización son las organizaciones utilitarias. En esta categoría están los sindicatos, las agencias del gobierno, las empresas privadas, las universidades. Sus fines son muy prácticos— el empleo, la protección del trabajador, la educación, la provisión de las necesidades humanas. Estas organizaciones no son ni totalmente voluntarias, ni coercitivas. Hay que trabajar para comer. Hay que organizarse para la protección mutua.

Cambios organizacionales Las organizaciones, como los organismos, tienen que adaptarse a nuevas condiciones o morir. El *March of Dimes* se organizó con el propósito de combatir la parálisis infantil. Esa meta se logró. Pero la organización no desapareció; cambió su meta a la eliminación de los defectos de nacimiento. Los avances en la tecnología, los cambios sociales y económicos, la competencia con otras organizaciones, todos pueden obligar el cambio en una organización. El sindicato de mineros ya no tiene el poder que tenía cuando el carbón era el combustible más importante para la sociedad.

---

[3]*stamp collectors*

ESTUDIO DE PALABRAS

Ejercicio 1   Study the following cognates that appear in this chapter.

el estilo	el sistema	radical
la moda	la adopción	violento
la manifestación	el sufragio	destructivo
el pánico	la eficiencia	revolucionario
el estímulo	las fuerzas	reformista
el movimiento	la agencia	feminista
la masa	el gobierno	armado
la duración	la compensación	regulatorio
la participación	la disciplina	municipal
el evento	la conformidad	estatal
la norma	la uniformidad	federal
la emoción	el defecto	voluntario
el linchamiento	el avance	coercitivo
la sugestionabilidad		utilitario
la dirección	espontáneo	monetario
la anonimia	impredecible	
el autocontrol	estructurado	estimular
la impersonalidad	ambiguo	cometer
la invulnerabilidad	temporal	resolver
el desastre	casual	identificar
la tensión	público	explorar
la ansiedad	establecido	retirar
la injusticia	exaltado	prevenir (la prevención)
la hostilidad	volátil	eliminar
la solución	incontrolado	reducir
el rumor	susceptible	impedir
la exageración	invencible	contrastar
el líder	generalizado	obligar
el contagio	catalizador	reaccionar
el acto	falso	institucionalizar
la ideología	preventivo	adaptarse

Ejercicio 2   Give the word or expression being defined.

1. la moda
2. una reunión pública al aire libre
3. capaz de recibir algo
4. incapacitar físicamente
5. un evento o suceso horrible, infeliz, desafortunado
6. el estado de tensión, inquietud, angustia
7. una actitud negativa contraria, agresividad

8. capaz de acelerar una reacción
9. que puede admitir varias interpretaciones
10. el derecho al voto
11. incitar, excitar
12. el conjunto de reglas para mantener el orden, sumisión a un reglamento
13. capaz de destruir, arruinar
14. una disciplina filosófica o conjunto de ideas

Ejercicio 3   Match the verbs in Column A with related nouns in Column B.

A	B
1. estimular	a. la resolución
2. coaccionar	b. el impedimento
3. cometer	c. el estímulo
4. retirar	d. la adopción
5. resolver	e. la adaptación
6. prevenir	f. el retiro
7. compensar	g. la compensación
8. adoptar	h. el avance
9. adaptar	i. el contraste
10. impedir	j. la prevención
11. contrastar	k. la comisión
12. avanzar	l. la coacción

Ejercicio 4   Complete each expression with the appropriate word(s).

1. spontaneous demonstration   una manifestación _____
2. peaceful demonstration   una _____ pacífica
3. social movement   un _____ social
4. public event   el evento (suceso) _____
5. established norm   la _____ establecida
6. volatile state   el estado _____
7. self-control   el auto_____
8. false rumor   un rumor _____
9. generalized belief   la creencia _____
10. violent acts   los actos _____
11. destructive act   un _____ destructivo
12. value system   el _____ de valores
13. feminist movement   el movimiento _____
14. armed forces   las fuerzas _____
15. regulatory agencies   las agencias _____
16. state government   el gobierno _____
17. monetary compensation   la _____ monetaria
18. birth defects   los _____ de nacimiento

Ejercicio 5   Match the English word or expression in Column A with its Spanish equivalent in Column B.

A	B
1. gamut	a. el motín
2. mania, craze	b. la asonada
3. uprising, riot	c. la vida cotidiana
4. protest demonstration	d. la gama
5. mass	e. la manía
6. end, result	f. el resultado
7. crowd, mob	g. la masa, la colectividad
8. worry	h. la muchedumbre, la turba
9. daily life	i. el saqueo
10. plundering, pillaging	j. la preocupación

Ejercicio 6   Complete each statement with the appropriate word(s).

1. La _____ convencional es un grupo de personas que se reúnen para un fin específico.
2. La _____ es una multitud popular.
3. Una _____ no es una manifestación pacífica.
4. La _____ tiene una rutina.
5. El _____ es la acción de tomar o apoderarse violentamente de lo que se halla en un lugar.
6. Había un _____ en contra de las políticas duras del gobierno.
7. La _____ de las masas es el resurgimiento de una dictadura militar.
8. El _____ que quieren de sus acciones es la abolición de los abusos contra los derechos humanos.

Ejercicio 7   Match the English word or expression in Column A with its Spanish equivalent in Column B.

A	B
1. felony	a. la matanza
2. to be prone, inclined to	b. la quiebra
3. to have, carry weight	c. los derechos civiles
4. criminal, delinquent	d. el minusválido
5. killing	e. el delito mayor
6. bankruptcy	f. ser propenso
7. to set off, blow up	g. la meta
8. to repress	h. el sindicato
9. goal	i. tener peso
10. civil rights	j. sin juicio
11. union	k. delictivo
12. employment	l. el empleo
13. disabled	m. reprimir
14. without thinking or judgment	n. estallar

Ejercicio 8   Give the word or expression being defined.
1. el crimen
2. delincuente, criminal
3. el incapacitado
4. el gol
5. la insolvencia financiera
6. tender a
7. la unión (de trabajadores)
8. sin pensar
9. tener importancia o influencia
10. contener, oprimir, dominar
11. ocurrir de golpe una cosa, manifestar violentamente
12. la acción de quitarle la vida a alguien o causarle la muerte a un grupo de personas
13. el trabajo

COMPRENSION

Ejercicio 1   Select the appropriate word(s) to complete each statement.
1. La conducta colectiva es relativamente (estructurada / espontánea).
2. La (muchedumbre / turba) es una colectividad de personas (masa) incontrolada que actúa violentamente.
3. La (creencia generalizada / injusticia) es la definición de una situación como problema que necesita resolverse.
4. Los movimientos sociales pueden categorizarse según su (ideología / comportamiento).
5. Los movimientos (reformistas / reaccionarios) quieren cambiar la sociedad dentro de los sistemas de valores y las instituciones existentes.

Ejercicio 2   Answer.
1. ¿Cuáles son varios tipos de muchedumbres?
2. ¿A qué son más susceptibles los individuos en una muchedumbre?
3. ¿Qué hace más fácil la anonimia?
4. ¿Cómo pueden sentirse los miembros de una muchedumbre? Y, ¿cuál puede ser el resultado de este sentimiento?
5. ¿Cuándo existe la ansiedad estructural?
6. ¿Qué puede ser un hecho catalizador que resulte en la movilización para la acción?
7. ¿Qué hace falta para iniciar la acción colectiva?
8. ¿Qué es el control social?
9. ¿Cómo se efectúa el control social?
10. ¿Cómo contrastan los movimientos sociales con los otros comportamientos colectivos?

11. ¿Cuál es la diferencia entre un movimiento reformista y un movimiento reaccionario?
12. ¿Cuándo se dice que un movimiento se ha institucionalizado?
13. ¿Cómo puede continuar una organización después de haber logrado su meta?

Ejercicio 3   Give examples of each of the following.
1. el comportamiento colectivo
2. un movimiento social expresivo
3. una organización voluntaria
4. una organización coercitiva
5. una organización utilitaria

Ejercicio 4   Define.
1. la muchedumbre casual
2. la muchedumbre convencional
3. la muchedumbre expresiva
4. la muchedumbre activa
5. la teoría del contagio
6. los movimientos sociales
7. una organización formal
8. las agencias regulatorias

Capítulo 10
POLITICA Y GOBIERNO /
CAMBIOS SOCIALES

Política y gobierno

Aquí se trata del poder. El poder es la habilidad que tienen personas y grupos para imponer su voluntad sobre otros aunque se resistan. Cuando uno ejerce el poder, controla el comportamiento de otro. Esto ocurre en los grupos primarios —los esposos, la familia— y en las organizaciones más grandes. Dentro de una sociedad, el sistema político es la estructura que se ocupa del empleo y de la distribución del poder.

El sistema político El sistema político es la organización social que tiene el derecho exclusivo, dentro de determinado territorio, de ejercer la fuerza para mantener el orden interno, regular las relaciones exteriores y perpetuar la sociedad a la que pertenece. El poder es potencial. La fuerza es el poder puesto en acción. A pesar de que la fuerza es, en realidad, la base del Estado, sólo se emplea esta forma del poder en circunstancias excepcionales. La influencia es también un tipo de poder que se ejerce por medio de la persuasión. En las sociedades donde el gobierno controla los medios de comunicación masiva, el Estado goza de enorme capacidad para influenciar.

Autoridad La autoridad es el poder legítimo, institucionalizado y reconocido por el pueblo. El poder ilegítimo, la coacción, se puede imponer, pero la gente no la reconoce aunque se someta. Los poseedores de «autoridad» tienen un derecho establecido y reconocido, para funcionar como líderes, para resolver disputas, para pronunciar juicios. Los sociólogos reconocen tres tipos de autoridad: autoridad tradicional, autoridad legal-racional y autoridad carismática.

Autoridad tradicional La legitimidad de la autoridad tradicional se basa en las costumbres y muchas veces en la religión. La infalibilidad del Papa, para los católicos, y la deificación del emperador, por parte de los japoneses, son ejemplos de autoridad tradicional. Esta autoridad se hereda o por sangre, como en el caso de las casas reales, o por investidura, como en el caso de los primados.

Autoridad legal-racional La autoridad legal-racional es el poder que se legitimiza por ley. En las sociedades donde impera la autoridad legal-racional, se considera a las «autoridades» como siervos del pueblo y no como seres divinos. El poder se le asigna al cargo y no al individuo que lo desempeña.

Autoridad carismática Lo que hace legítima la autoridad carismática es el concepto, válido o no, que tiene la gente de un individuo como un ser extraordinario con atributos sobrehumanos o sobrenaturales. El individuo con carisma puede inspirar y mandar por la fuerza de su propia personalidad. Los fundadores de las grandes religiones, Jesucristo y Mahoma, los líderes religiosos y políticos, como el ayatola Jomeini, Juana de Arco, Fidel Castro, Napoleón, Ghandi y Martin Luther King gozaban de autoridad carismática.

La evolución del Estado En las sociedades primitivas no había gobiernos, ni necesidad de tenerlos. El control social estaba en manos de la familia y otros grupos primarios. El «superávit social» y la división y especialización del trabajo hicieron necesario el gobierno para regular las relaciones comerciales y sociales entre individuos y grupos. Los primeros «estados» eran pequeños. En la Grecia antigua había ciudades-estados. En la Edad Media los estados eran reinos relativamente pequeños. En Europa las naciones-estados surgen en el siglo XVI. Estas naciones integran a otros estados más pequeños, con sus culturas y sus idiomas. Hasta el siglo XIX no había una nación italiana, sino unos cuantos pequeños estados. La unificación de Alemania tampoco tuvo lugar hasta fines del siglo XIX.

Sistemas democráticos, autoritarios y totalitarios La democracia es un sistema político en el que los poderes del gobierno provienen del consentimiento del pueblo. Existen medios constitucionales para el reemplazo de oficiales del gobierno. En un sistema autoritario se permite un mínimo de oposición, o ninguna. No obstante, sí se permite la existencia de algunos focos de influencia extragubernamentales y algún debate sobre asuntos de interés público. En los regímenes totalitarios el gobierno controla casi todas las instituciones y la vida social. La economía, la educación, los sindicatos laborales, las organizaciones profesionales y culturales, la medicina, las iglesias, los deportes, todos se encuentran bajo el control del gobierno.

Tipos de gobierno Los gobiernos también se categorizan en monarquía, donde el jefe del Estado es un rey o una reina; oligarquía, donde unos pocos individuos selectos mandan; dictadura, un gobierno donde un solo individuo goza de autoridad coactiva, y democracia representativa, donde el pueblo elige representantes para gobernar en su lugar.

Política y economía A veces es imposible separar los conceptos de sistema político y sistema económico. El capitalismo democrático, el socialismo democrático, el comunismo y el fascismo totalitarios son sistemas político-económicos. Una de las diferencias básicas entre estos sistemas es la posesión de la propiedad, ya sea en manos privadas o en manos del Estado. No existe sistema que sea exclusivamente capitalista ni comunista. En todos los sistemas alguna propiedad es privada y alguna pertenece al Estado. Y el Estado controla, en algún grado, la economía nacional. En los sistemas capitalistas, el Estado controla muy poco; en los sistemas comunistas, controla mucho.

Los cambios sociales

A través del tiempo las sociedades sufren transformaciones importantes en los patrones de comportamiento y en las normas y los valores culturales. Estas alteraciones en los patrones de cultura, estructura y comportamiento social se denominan «cambio social».

Las fuentes de cambio social

La expansión de la cultura se efectúa mediante la innovación y la difusión. La innovación es el proceso por el cual se introducen nuevos elementos en una cultura o por el descubrimiento o por la invención. La difusión es el proceso por el que el conocimiento y los rasgos culturales se extienden entre los miembros de una sociedad, de un grupo a otro o de una sociedad a otra. Otros factores que afectan el cambio social son el medio ambiente físico, la tecnología, los cambios demográficos y la ideología.

Medio ambiente físico Aunque infrecuentes, los cambios en el medio físico pueden ocasionar cambios sociales. Las sequías[1] prolongadas resultan en migraciones. La escasez de recursos naturales probablemente tendrá un efecto en el modo de vida en muchas regiones.

Tecnología La tecnología es un factor constante en el cambio social, desde que los primitivos inventaron el arco y la flecha[2] y el hacha[3] de piedra para cazar. Cada invento les daba más control sobre la naturaleza. A fines del siglo XIX, el invento de la despepitadora de algodón[4] hizo factible, económicamente, el cultivo del algodón y a su vez dio un gran impulso a la esclavitud en las plantaciones del sur de los EE.UU. En el siglo XX, la cosechadora mecánica[5] de algodón resultó en el desempleo de miles y miles de labradores y una migración del sur de los EE.UU. a Chicago y otras ciudades del norte. Los suburbios se deben al automóvil y al transporte público que permite que la gente viva lejos del trabajo. Todavía no se sabe cuáles serán todos los cambios sociales que resultarán de la informática en las sociedades modernas.

Cambios demográficos Los cambios en el tamaño, la densidad y la composición poblacionales tienen un efecto significativo en el cambio social. El abandono de las ciudades por parte de los ricos afecta la calidad de servicios públicos. La superpoblación resulta en un impacto negativo sobre los recursos limitados. Un incremento en el promedio de vida afecta la fuerza laboral, los servicios sociales y las oportunidades económicas para los jóvenes.

Ideología La ideología, los valores y las actitudes prevalecientes en una sociedad pueden estimular el cambio o retardarlo. Los ejemplos más dramáticos de la ideología como factor en el cambio social son las revoluciones sociales, en Francia en el siglo XVIII y en México y la antigua Unión Soviética en el siglo XX.

Teorías sobre el cambio social

Las cuatro teorías más comunes son la evolucionista, la cíclica, la funcionalista y la conflictiva. La teoría evolucionista, similar a la teoría de evolución biológica de Darwin, se basa en la idea de que la sociedad progresa constantemente hacia un nivel superior. Los «cíclicos» mantienen que las sociedades pasan por ciclos repetidos de crecimiento y decaimiento. Para los funcionalistas la sociedad siempre busca un estado de equilibrio. Cuando el cambio social afecta un componente de la sociedad, ocurrirán cambios en otros componentes que resultarán en el regreso a un estado de estabilidad o equilibrio. Los teóricos del conflicto consideran que la sociedad está en constante conflicto, que las instituciones y prácticas sociales perduran porque los grupos en el poder así lo quieren y tienen los recursos para detener el cambio. Para ellos el cambio puede ocurrir sólo con la revolución social.

---

[1]*droughts* [2]*bow and arrow* [3]*ax* [4]*cotton gin* [5]*harvester*

La resistencia al cambio Cada cambio social beneficia a algunos y perjudica a otros. Los factores económicos intervienen con frecuencia en la resistencia al cambio. Por ejemplo, las leyes contra la contaminación ambiental afectan las rentas de las empresas fabriles. También influyen los factores culturales. Si los cambios afectan las tradiciones y las costumbres, hay mucha gente que los resistirán. A los que se benefician del mantenimiento del estado actual se considera que tienen «intereses creados». Ellos casi siempre se oponen al cambio.

ESTUDIO DE PALABRAS

Ejercicio 1 Study the following cognates that appear in this chapter.

la habilidad	el fascismo	sobrenatural
el orden	la posesión	regular
la relación	la propiedad	democrático
la influencia	la innovación	autoritario
la persuasión	la difusión	totalitario
la comunicación	la tecnología	constitucional
la autoridad	el invento	representativo
el poseedor	el suburbio	privado
el líder	el automóvil	capitalista
la disputa	el transporte	socialista
la legitimidad	la densidad	comunista
la infalibilidad	el abandono	público
la deificación	el impacto	negativo
la investidura	la revolución	prevaleciente
el primado	el ciclo	evolucionista
el concepto	el equilibrio	cíclico
el atributo	el componente	funcionalista
la religión	la estabilidad	conflictivo
la división	el conflicto	
la especialización	la resistencia	imponer (la imposición)
la oposición		resistir
el debate	político	ejercer
el régimen	exclusivo	mantener
la economía	interno	perpetuar
la educación	exterior	asignar
la monarquía	masivo	inspirar
la oligarquía	legítimo	integrar
la dictadura	tradicional	elegir (la elección)
la democracia	legal	separar
el representante	racional	inventar
el capitalismo	carismático	retardar
el socialismo	válido	progresar
el comunismo	sobrehumano	

Ejercicio 2 Complete each expression with the appropriate word(s).

1. exclusive right	el derecho _____
2. internal order	el _____ interno
3. to maintain order	_____ el orden
4. foreign relations	las _____ exteriores
5. means of mass communication	los medios de _____ masiva
6. legitimate authority	la _____ legítima
7. constitutional means	los medios _____
8. private property	la propiedad _____
9. state property	la _____ del Estado
10. public transportation	el transporte _____
11. negative impact	el _____ negativo
12. resistence to change	la _____ al cambio

Ejercicio 3 Give the adjective form for each of the following nouns.
1. la democracia
2. el comunismo
3. el socialismo
4. el capitalismo
5. el fascismo
6. la economía
7. la política
8. la legitimidad
9. la autoridad
10. el totalitarismo
11. el carisma
12. la constitución

Ejercicio 4 Match the verbs in Column A with related nouns in Column B.

A	B
1. imponer	a. el progreso
2. resistir	b. el componente, la composición
3. comunicar	c. el atributo
4. ejercer	d. la oposición, el opositor
5. autorizar	e. la imposición
6. investir	f. el transporte
7. atribuir	g. la resistencia
8. oponer	h. la investidura
9. inventar	i. la comunicación
10. transportar	j. el invento
11. progresar	k. la autorización, la autoridad
12. componer	l. el ejercicio
13. persuadir	m. la persuasión
14. elegir	n. la elección

Ejercicio 5   Give the word or expression being defined.
1. el conflicto
2. no aceptar
3. la acción de influenciar o convencer a uno a hacer algo
4. el jefe
5. el que tiene o posee algo
6. la incapacidad de cometer un error
7. la idea, el pensamiento
8. el carro, el coche
9. la introducción de algo nuevo
10. la región o el pueblo cerca de una ciudad
11. una parte del conjunto

Ejercicio 6   Match the English word or expression in Column A with its Spanish equivalent in Column B.

A	B
1. power	a. la ley
2. strength, force	b. el poder
3. will	c. la ciudad-estado
4. law	d. la nación-estado
5. public servant	e. el siervo del pueblo
6. to pass judgment	f. mandar
7. social surplus	g. el patrón
8. to order, rule	h. la voluntad
9. city-state	i. el consentimiento del pueblo
10. nation-state	j. pronunciar juicios
11. public consent	k. los intereses creados
12. pattern	l. el superávit social
13. vested interests	m. la fuerza
14. chief of state	n. el jefe de Estado

Ejercicio 7   Complete each statement with the appropriate word(s).
1. La habilidad que tienen individuos o grupos de que otros hagan lo que quieran (ejercer su voluntad) es el _____.
2. La _____ es lo que se hace para ejercer el poder.
3. Algunos oficiales del gobierno tienen el derecho de _____.
4. En los EE.UU. a los que trabajan para el gobierno se les llama

   _____.
5. Hay _____ para regular la sociedad y mantener el orden público.
6. El rey o la reina _____ en una monarquía.
7. El _____ en una monarquía es el rey o la reina y el _____ en una democracia es el presidente o el primer ministro.

8. Las _____ existían en Grecia en los tiempos antiguos y las
   _____ existían en Europa en tiempos más recientes.
9. Los intereses _____ no benefician necesariamente a la mayoría.
10. La intención, la determinación o el deseo que tiene alguien de hacer algo
    es la _____.
11. El _____ significa que el público está de acuerdo con algo, no está
    en contra.

Ejercicio 8   Match the English word or expression in Column A with its
Spanish equivalent in Column B.

A	B
1. employment	a. el promedio
2. unemployment	b. el nivel
3. computer science	c. el desempleo
4. overpopulation	d. el empleo
5. average	e. beneficiar
6. level	f. perjudicar
7. growth	g. la empresa fabril
8. decay	h. la informática
9. to last	i. las rentas
10. to benefit	j. la escasez
11. to harm	k. la superpoblación, la sobrepoblación
12. income	l. perdurar
13. manufacturing enterprise	m. el crecimiento
14. shortage, scarcity	n. el decaimiento

Ejercicio 9   Match the word in Column A with its opposite in Column B.

A	B
1. la escasez	a. los gastos, los egresos
2. las rentas	b. el desempleo
3. beneficiar	c. el crecimiento
4. perdurar	d. terminar
5. el decaimiento	e. el superávit, el excedente
6. el empleo	f. perjudicar

Ejercicio 10   Complete each statement with the appropriate word(s).
1. En muchas áreas del mundo hay una _____ de alimentos y de
   recursos naturales.
2. El _____ de vida es alto en los Estados Unidos y en los otros países
   industrializados.
3. Una empresa _____ se dedica a la manufactura o producción de
   bienes.

4. El _____ de vida es más alto en los países industrializados que en los países en vías de desarrollo.

5. La _____ puede existir cuando la tasa de natalidad es muy superior a la tasa de mortalidad.

6. Una ley puede _____ a un grupo y _____ a otro.

7. Todos los ingresos que recibe un individuo o grupo tales como el salario, los dividendos y los intereses son sus _____.

8. Un mal gobierno puede causar el _____ de una nación.

9. El _____ existe cuando hay gente que quiere trabajo y lo busca sin poder encontrarlo.

10. La _____ tiene que ver con computadoras (ordenadores).

COMPRENSION

Ejercicio 1   Answer.

1. ¿Qué es el poder?
2. ¿Qué es la fuerza?
3. ¿Qué es el sistema político?
4. ¿Dónde goza el Estado de enorme capacidad para influenciar?
5. ¿Qué es la autoridad?
6. ¿Qué tienen los poseedores de autoridad?
7. ¿Cómo se legitima la autoridad legal-nacional y a qué se le asigna el poder?
8. En las sociedades primitivas, ¿dónde residía el control social?
9. ¿Cuál es una diferencia económica básica entre los sistemas político-económicos?
10. ¿Cómo se efectúa la expansión cultural?
11. ¿Cuál es la diferencia entre la innovación y la difusión?
12. ¿Cómo pueden los cambios poblacionales resultar en cambios sociales?
13. ¿Cuál es un ejemplo dramático de la ideología como factor en el cambio social?

Ejercicio 2   Give examples of the following.

1. la autoridad tradicional
2. la autoridad carismática
3. sistemas políticos
4. tipos de gobierno
5. cambios en el medio físico
6. la tecnología como factor en el cambio social

Ejercicio 3   Define.

1. el sistema político democrático
2. el sistema político autoritario
3. el sistema político totalitario
4. la monarquía

5. la dictadura
6. la democracia representativa

Ejercicio 4   Tell which theory concerning social change is being described.
1. Las sociedades pasan por períodos de crecimiento y decaimiento.
2. La sociedad siempre está en busca de un estado de equilibrio.
3. La sociedad progresa constantemente hacia un nivel superior.
4. La sociedad está en constante conflicto.

Segunda parte
SERVICIOS SOCIALES

Capítulo 11

INTRODUCCION

Los problemas sociales han existido desde épocas remotas. Niños han nacido con graves defectos físicos o mentales. Los ancianos han tenido que tener quien los cuidara. En tiempos de sequía[1] miles se morían de hambre. Los labradores que sufrían un accidente y se veían incapacitados dependían de la caridad de otros para sobrevivir. Las pestes diezmaban[2] las poblaciones urbanas. El crimen y la delincuencia, el alcoholismo y la adicción a las drogas, la pobreza y el hambre no son nuevos.

Es de suponer que los primeros humanos trataban a los desafortunados más o menos como lo hacían los animales. Si uno no podía sobrevivir por sí solo y contribuir al grupo, se le abandonaba a su destino, usualmente, la muerte. Más tarde, la familia se ocupaba de los indefensos, de los niños y de los ancianos. Hasta recientemente, en algunas culturas, todavía era normal abandonar a los ancianos y dejarlos morir cuando ya no podían funcionar solos. En las sociedades agrícolas, con la familia como grupo esencial, cada miembro tenía su función, desde los niños pequeños hasta los viejos. La Revolución industrial cambió esa estructura. En muchos casos toda la familia trabajaba en la fábrica[3], hasta los niños pequeños. No había quien cuidara de los ancianos y de los inválidos. La sociedad tenía que intervenir.

Las instituciones sociales

Cuando las familias no tenían los recursos necesarios para ayudar a los necesitados, otros tenían que preocuparse. Casi hasta principios de este siglo, la ayuda social era mayormente obra de caridad, voluntaria y, en muchos casos, religiosa. En Europa, desde la Edad Media, ha habido órdenes de religiosos, monjes[4] y monjas[5], que se dedicaban al servicio de los pobres, de los mental o físicamente enfermos y de los huérfanos. Entre los preceptos islámicos es la obligación de dar limosna[6] a los necesitados. En el siglo XIX aparecían grupos caritativos, voluntarios, no religiosos que daban ayuda a los pobres y a otros. Los miembros de estos grupos pertenecían, generalmente, a las clases acomodadas[7]. Contribuían dinero u otros bienes a los necesitados. Hacia fines del siglo, los gobiernos empezaron a tomar un papel más importante en la provisión de servicios sociales. Los gobiernos establecieron asilos para locos y para huérfanos.

---

[1]*drought*　[2]*decimated*　[3]*factory*　[4]*monks*　[5]*nuns*　[6]*to give alms*　[7]*well-to-do*

En las zonas rurales había fincas[8] para los pobres donde, a cambio de su mano de obra, se les daba alojamiento y comida. De esta época también son los hospitales de caridad. A menudo estos hospitales se asociaban con las facultades de medicina de las universidades. Así siempre había pacientes para los estudiantes de medicina.

En el siglo XX el rol del Estado en el área de servicios sociales ha sido predominante. En los países socialistas el Estado se ocupa no solamente de la educación, el orden y el retiro de sus ciudadanos, sino también de la medicina, en todos sus aspectos. También se ocupa de las guarderías infantiles para las madres que trabajan, programas para alcohólicos y drogadictos, hogares para ancianos, seguro contra el desempleo y mucho más, todo gratis, todo pagado por medio de impuestos y contribuciones de los ciudadanos. En varios países capitalistas también es frecuente que el Estado provea muchos de estos servicios. En los EE.UU. el Seguro Social asegura que los trabajadores jubilados tengan un ingreso decente. También hay programas para ayudar a los desempleados, a las madres solas con hijos pequeños, a los que tienen un nivel de ingreso muy bajo y a muchos otros. Pero los servicios médicos, los hogares para ancianos, los programas para los adictos al alcohol y a las drogas, las guarderías infantiles, etc., no son gratis, por lo general, y resultan muy caros para muchos. Los que no tienen con que pagar esos servicios tienen que depender de la caridad.

Los servicios sociales

Las sociedades modernas confrontan una serie de problemas sociales: la adicción, los defectos mentales y físicos, la pobreza endémica, el analfabetismo, el crimen y la rehabilitación. Luego hay situaciones que la vida moderna crea, tales como la necesidad de cuidar a los niños pequeños porque ambos padres trabajan, un tremendo incremento en la población de edad avanzada gracias a los adelantos en la ciencia y la medicina, las enfermedades mentales causadas por el estrés. Para confrontar estos problemas la sociedad cuenta con una variedad de profesionales y paraprofesionales en diferentes ramas de trabajo social.

Los trabajadores sociales Ellos ayudan a los individuos con problemas que se relacionan con la pobreza, las enfermedades, la familia y las crisis personales. Los trabajadores sociales trabajan para las agencias de asistencia social de los gobiernos estatales o municipales; trabajan para agencias benéficas de asistencia social, para las escuelas, los hospitales y clínicas y para centros de rehabilitación y centros de recreo. Los clientes de los trabajadores sociales son varios, desde los niños con problemas en la escuela o con la familia, hasta los ancianos que no tienen quien les cuide.

Los trabajadores sociales buscan hogares para niños desamparados. Ellos ayudan a las familias que son víctimas de desastres como incendios[9], inundaciones[10] o terremotos[11]. A menudo los trabajadores sociales les ayudan a sus clientes a conseguir fondos y servicios del gobierno. Ellos les ayudan a sus

---

[8]*farms*   [9]*fires*   [10]*floods*   [11]*earthquakes*

clientes a conseguir tratamiento para enfermedades físicas o mentales. También les aconsejan a sus clientes y facilitan su ingreso en programas educativos y ocupacionales. Para los que están incapacitados por enfermedad u otra razón, los trabajadores sociales les consiguen ayuda para los quehaceres domésticos.

Hoy, con frecuencia, los trabajadores sociales inician pleitos en casos de abuso de niños. En los hospitales los trabajadores sociales les ayudan a los pacientes a adaptarse a sus incapacidades y aconsejan a las familias de los enfermos. En las escuelas trabajan con aquellos estudiantes que tienen problemas de aprendizaje[12] o de comportamiento[13]. Para resolver los problemas los trabajadores sociales se reúnen tanto con los estudiantes como con sus familias y sus maestros. Si encuentran que necesitan otro tipo de ayuda profesional envían al estudiante a una agencia apropiada.

Las tres metodologías de trabajo social

Los trabajadores sociales emplean tres métodos: el método de caso, de grupo y de comunidad.

Trabajo de caso *(Casework)*   En este método el trabajador social se reúne en persona con la persona o la familia que necesita ayuda. Estos trabajadores sociales trabajan en las escuelas, en los hospitales, en las cortes y en las prisiones. Ellos aconsejan a los prisioneros. Les ayudan a reintegrarse a la sociedad. Trabajan con delincuentes juveniles. Algunos trabajan con programas para alcohólicos y drogadictos. Otros trabajan con agencias de adopción. Otros trabajan independientemente en sus propias consultas ayudando a sus clientes a resolver todo tipo de problema.

Servicio social de grupo Los trabajadores sociales que trabajan con grupos ayudan a clientes que tienen problemas en común. Llevan a cabo programas de recreo y rehabilitación para personas que tienen problemas o incapacidades similares. Estos trabajadores se encuentran en centros comunitarios, en organizaciones para jóvenes, en hospitales, prisiones, hogares para ancianos, orfanatos. Hoy son muy comunes los grupos de autoayuda para familias de alcohólicos, por ejemplo, y para padres de hijos diabéticos o para víctimas de cáncer. El trabajo de grupo es, a veces, igual que el trabajo de caso, sólo que se trata de un grupo en lugar de un solo individuo.

Servicio social comunitario Los trabajadores sociales que trabajan con la comunidad estudian y analizan los problemas de toda una comunidad. Tratan de buscar soluciones a los problemas. Las comunidades que sufren de altos niveles de desempleo, de alcoholismo o de delincuencia a menudo necesitan la colaboración de varias instituciones y agencias para controlar y resolver el problema.

El término «trabajador social» cubre una gran variedad de especializaciones dentro del campo. Hay especialistas en rehabilitación, en problemas de la juventud[14] y de la vejez[15]. En otros capítulos se tratarán algunas de las especializaciones.

---

[12]*learning*   [13]*behavior*   [14]*youth*   [15]*old age*

ESTUDIO DE PALABRAS

Ejercicio 1   Study the following cognates that appear in this chapter.

el problema	la enfermedad	predominante
el defecto	el estrés	gratis
el accidente	el profesional	decente
la peste	el paraprofesional	social
el crimen	la crisis	personal
la delincuencia	la agencia	municipal
el alcoholismo	la asistencia	educativo
la adicción	el gobierno	ocupacional
la droga	la clínica	municipal
el inválido	el centro	estatal
el servicio	la víctima	
la provisión	el desastre	contribuir
el hospital	los fondos	abandonar
la medicina	el tratamiento	funcionar
el paciente	el abuso	intervenir
el rol	la incapacidad	proveer
el alcohólico		confrontar
el drogadicto	físico	facilitar
la rehabilitación	mental	iniciar
el incremento	voluntario	analizar

Ejercicio 2   Complete each expression with the appropriate word(s).

1. physical defect   el _____ físico
2. mental defect   el defecto _____
3. physical illness   la enfermedad _____
4. mental illness   la _____ mental
5. drug addiction   la _____ a las drogas
6. social services   los _____ sociales
7. social worker   el trabajador _____
8. social work   el trabajo _____
9. social assistance   la asistencia _____
10. medical school   la facultad de _____
11. personal crisis   la crisis _____
12. appropriate treatment   el _____ apropiado
13. educational program   el _____ educativo
14. rehabilitation program   el programa de _____
15. child abuse   el _____ de (los) niños
16. learning problems   los _____ de aprendizaje
17. casework method   el método de _____
18. group method   el método de _____
19. community method   el método de _____

20. juvenile delinquent   el delincuente _____
21. adoption agency   la _____ de adopción
22. youth organizations   las _____ para jóvenes

Ejercicio 3   Give the word or expression being defined.
1. un problema serio y decisivo
2. el delito, la conducta ilegal
3. el abuso del alcohol
4. el abuso de las drogas
5. el que trabaja gratis, que ofrece sus servicios sin remuneración
6. el centro médico
7. el que abusa del alcohol
8. el que abusa de las drogas
9. la reeducación de un individuo que le permite reintegrarse en la sociedad
10. la tensión
11. de la ciudad
12. el que sufre un accidente
13. hacer más fácil
14. la manera en que se trata un problema o una enfermedad
15. estudiar detallada y minuciosamente
16. llegar a una solución

Ejercicio 4   Complete each statement with the appropriate word(s).
1. La marihuana, la cocaína y la heroína son sustancias controladas o

    _____.
2. El abuso del alcohol es el _____.
3. Muchas veces el trabajador social tiene que _____ cuando una
    persona ha sufrido una crisis personal.
4. La diabetes es una _____.
5. Los que están muy enfermos tienen que ser admitidos al _____.
6. Los criminales que son convictos y sentenciados tienen que pasar tiempo
    en la _____.
7. Los _____ son dinero.
8. Hay programas _____ y _____ que ayudan a los incapacitados
    a trabajar y reintegrarse en la sociedad.

Ejercicio 5   Match the English word or expression in Column A with its
Spanish equivalent in Column B.

	A		B
1.	aged person	a.	la obra de caridad
2.	orphan	b.	la ayuda
3.	patient, sick person	c.	el indefenso
4.	help, assistance	d.	el necesitado
5.	to care for	e.	el anciano
6.	to survive	f.	la muerte

7. charity
8. death
9. helpless one
10. needy one
11. unfortunate one
12. work of charity

g. el huérfano
h. la caridad
i. el enfermo
j. cuidar a (de)
k. sobrevivir
l. el desafortunado

Ejercicio 6   Complete each statement with the appropriate word(s).
1. El que no tiene padres es _____.
2. Muchas órdenes religiosas y organizaciones de grupos voluntarios hacen _____. Los que se benefician de sus servicios o ayuda no pagan nada. Es gratis.
3. El _____ necesita ayuda. No puede hacerlo todo por sí mismo. No puede defenderse contra todo lo que le está pasando.
4. Este _____ es de una edad muy avanzada.
5. El _____ no tiene ningún recurso financiero.
6. El pobre _____ ha tenido mala suerte durante casi toda su vida.
7. La familia, las organizaciones caritativas o el gobierno tienen que _____ a los necesitados e indefensos.
8. La vida comienza con el nacimiento y termina con la _____.
9. El desafortunado está muy agradecido por toda la _____ que le damos.

Ejercicio 7   Give an equivalent word for each of the following.
1. el paciente
2. el pobre
3. el fallecimiento
4. la asistencia
5. el viejo

Ejercicio 8   Match the English word or expression in Column A with its Spanish equivalent in Column B.

A	B
1. asylum	a. la guardería infantil
2. lodging	b. el nivel
3. (child) day-care center	c. el retiro
4. old-age home	d. jubilado
5. retirement	e. el recreo
6. retired	f. el alojamiento
7. crazy	g. los adelantos
8. taxes	h. el hogar para ancianos
9. income	i. los impuestos
10. Social Security	j. loco
11. recreation	k. el ingreso
12. advances	l. el Seguro Social
13. level	m. el asilo

Ejercicio 9   Complete each statement with the appropriate word(s).
1. Los _____ científicos y médicos permiten la rehabilitación de muchos incapacitados.
2. El _____, o sea, los años después de dejar el trabajo, debe ser un período de relajamiento y diversión para los _____.
3. En el pasado se internaba en un _____ a los que se consideraban _____. Pero, hoy día, hay muchos tratamientos para las enfermedades mentales.
4. Hoy día hay muchas _____ donde dejan a sus niños los padres que trabajan.
5. Una parte de los _____ o contribuciones que pagamos al gobierno está destinada a servicios sociales.
6. Los _____ médicos han hecho posible que la gente llegue a una edad más avanzada.
7. Los clientes de un _____ son gente de edad avanzada que ya no pueden cuidarse de sí mismos.
8. Hay que dar _____ a los que no tienen residencia.
9. El sistema de _____ ayuda a los necesitados cuyo _____ es tan bajo que no pueden pagar los servicios médicos que necesitan.

Ejercicio 10   Match the English word or expression in Column A with its Spanish equivalent in Column B.

A	B
1. unemployed person	a. el orfanato
2. homeless person	b. el pleito
3. illiteracy	c. el desempleado
4. to advise	d. aconsejar
5. household chores	e. el desamparado
6. court	f. la autoayuda
7. lawsuit, proceedings	g. el analfabetismo
8. orphanage	h. los quehaceres domésticos
9. self-help	i. la corte

Ejercicio 11   Give the word or expression being defined.
1. un hogar para niños que no tienen padres o cuyos padres no pueden ser responsables por su manutención
2. el tribunal de justicia
3. dar consejo; decirle a uno lo que puede o debe hacer, ofrecerle sus opciones
4. el trabajo o las tareas que se hacen para mantener la limpieza de la casa
5. el proceso en la corte
6. el que quiere y busca trabajo sin poder encontrarlo
7. la acción de ayudarse a sí mismo sin la intervención de otro
8. el no saber leer ni escribir
9. el que no tiene domicilio

COMPRENSION

Ejercicio 1 True or false?

1. La existencia de problemas sociales es relativamente reciente.
2. Hasta principios de este siglo, la ayuda social era mayormente obra de caridad voluntaria, en muchos casos, religiosa.
3. Hay muchas órdenes religiosas que dan limosna a los pobres.
4. Debido a los adelantos científicos y médicos ha habido un tremendo incremento en la población de edad avanzada en los países industrializados.
5. Cada trabajador social tiene una gran variedad de especializaciones y trabaja en muchos campos diferentes.

Ejercicio 2 Answer.

1. ¿Cómo se supone que los primeros humanos trataban a los desafortunados?
2. Más tarde, ¿quién se ocupaba de los indefensos?
3. ¿Cómo cambió la estructura familiar la Revolución industrial?
4. ¿Por qué no había quien cuidara de los ancianos y de los inválidos?
5. ¿Quién tenía que intervenir?
6. ¿Cuándo y cómo empezaron los gobiernos a participar en la provisión de servicios sociales?
7. ¿Cuál es la función del Seguro Social en los EE.UU.?
8. Para confrontar los problemas sociales, ¿con qué cuenta la sociedad?
9. ¿Qué hacen los trabajadores sociales?
10. ¿Para quiénes trabajan los trabajadores sociales?
11. ¿Quiénes son sus clientes?
12. ¿Cuáles son los tres métodos que emplean los trabajadores sociales en su trabajo?

Ejercicio 3 Follow the directions.

1. Prepare una lista de problemas sociales comunes.
2. Prepare una lista de servicios sociales ofrecidos comúnmente por los gobiernos socialistas.
3. Prepare una lista de los tipos de servicios sociales que existen en los EE.UU.
4. Prepare una lista detallada de las funciones de los trabajadores sociales.
5. Prepare una lista detallada de los lugares o las instituciones en donde trabajan los trabajadores sociales.
6. Explique la diferencia entre trabajo de caso, trabajo de grupo y trabajo comunitario.

Ejercicio 4   In your own words, define each of the following terms.
1. el crimen
2. la rehabilitación
3. el alcoholismo
4. la adicción a las drogas
5. el abuso de niños
6. el necesitado
7. el desempleado
8. el desamparado
9. el delincuente juvenil

Capítulo 12
ALGUNAS ESPECIALIDADES
EN EL SERVICIO SOCIAL

Especialidades en el trabajo social

En cada uno de los métodos de trabajo social—caso, grupo y comunidad—hay una serie de especialidades.

Como ya se sabe, el trabajo de caso es aquél en que el trabajador social trabaja con individuos o familias. Juntos, enfocan en las necesidades y los problemas específicos que tiene el individuo o la familia. La mayoría de los trabajadores sociales emplean el método de caso.

Bienestar y protección de la infancia Los trabajadores sociales en esta rama tienen como clientes no solamente los niños menores sino, con frecuencia, los padres también. Tienen que estar disponibles[1] las 24 horas del día. Generalmente son empleados del condado o del municipio. Si un policía u otro oficial descubre un caso de abuso o abandono[2] de un niño menor se pone en contacto con el departamento de Bienestar y Protección de la Infancia. El trabajador social entonces recoge[3] al niño y lo lleva a un hogar para niños abandonados.

El trabajador social investiga las condiciones y circunstancias de la familia. Según lo que descubre, puede recomendar que se ponga al niño bajo la protección de la corte o que regrese a su familia. En el primer caso, el trabajador social tiene que preparar los informes para la corte con todos los detalles y su recomendación. Si el niño vuelve a su familia, entonces el trabajador social se reúne con la madre, el padre, o los dos, periódicamente. Les aconseja. Si es necesario, trata de conseguirles trabajo o ayuda psicológica. Si existe otro tipo de problema, como adicción a drogas o al alcohol, el trabajador les recomienda un programa apropiado. Si el problema es físico, les consigue tratamiento médico.

Los trabajadores sociales se ocupan de los niños con problemas mentales, físicos o emocionales y los niños cuyos padres no están en condiciones para mantener y cuidarlos. Ellos les ayudan a los padres de niños con atraso mental a encontrar instituciones o programas apropiados. Visitan los lugares y les ayudan a los padres a decidir lo que será mejor para los hijos. Los niños que se encuentran bajo la custodia del estado, en orfanatos o con familias de crianza también son responsabilidad de los trabajadores de los departamentos de Bienestar y Protección de la Infancia.

---

[1]*available*   [2]*neglect*   [3]*picks up*

Otra responsabilidad es la preparación y supervisión de casos de adopción. Las madres de edad menor, no casadas, también son clientes de los trabajadores de Bienestar y protección de la infancia. Los trabajadores les encuentran asistencia médica y les aconsejan. Les ayudan a decidir lo que van a hacer con los hijos, o dejar que se adopten o quedarse con ellos. Después de nacer el hijo, tanto el hijo como la madre siguen siendo clientes. En áreas de bajo nivel socioeconómico, los trabajadores buscan oportunidades educativas y de recreo[4] para los niños: campamentos de verano, programas de enseñanza, programas de deportes, etc.

Servicio social en las escuelas Muchas veces los problemas que tienen los niños aparecen primero en la escuela. Los problemas pueden ser académicos (un descenso abrupto en el rendimiento académico, desinterés en los estudios) o sociales (agresividad, comportamiento antisocial). Es frecuente tener trabajadores sociales en las escuelas, especialmente en los grandes distritos escolares urbanos. Ellos colaboran con los administradores y los docentes. Primero hablan con la persona que primero notó el problema, generalmente un maestro o una maestra. El trabajador se reúne con el niño. Es importante que el niño tenga confianza en el trabajador social. Al mismo tiempo se trata de determinar la causa del problema.

Con frecuencia el problema radica en el hogar. En estos casos el trabajador se reúne con los padres, en el hogar, en la escuela o en ambos lugares. El trabajador aconseja a los padres. Si hay problemas que requieren ayuda profesional, el trabajador puede ponerles en contacto con las agencias y organizaciones apropiadas.

Los trabajadores sociales en las escuelas cooperan con los psicólogos y los consejeros para examinar y ubicar a los estudiantes en las clases y los programas que más les convienen[5]. Los trabajadores se interesan en los niños que faltan a clases y en los delincuentes juveniles. En estos casos trabajan muy de cerca con la policía y otros oficiales.

Consejero familiar Estos trabajadores pueden ser empleados del gobierno condal o municipal, agencias privadas o pueden trabajar independientemente en sus propias consultas. Ellos se dedican a resolver problemas entre esposos, conflictos entre padres e hijos, problemas que tienen familias con parientes ancianos. Ellos les aconsejan y les ayudan a resolver problemas médicos y económicos. Tratan de conseguirles trabajo, cuidado para los enfermos o inválidos, programas apropiados. Varias agencias privadas ofrecen este tipo de servicio social, especialmente las iglesias.

Servicio social médico Hoy muchos hospitales tienen departamentos de servicio social. Los trabajadores ayudan a los pacientes a reintegrarse a la vida fuera del hospital. Si lo necesitan, les ayudan con los documentos y el papeleo para Medicare, Medicaid y los diferentes seguros. Les ayudan a resolver problemas económicos relacionados con la enfermedad. Se reúnen con pacientes que tienen miedo de operaciones, del futuro o de la muerte. También trabajan con las familias de pacientes en estado grave. En las facultades de medicina dan clases

---

[4]*recreational*   [5]*suit them*

sobre los problemas no médicos que tienen muchos enfermos. Estos trabajadores trabajan en salas de emergencia, clínicas, sanatorios y casas de convalecencia, además de hospitales.

Servicio social psiquiátrico Esta es una especialidad dentro del servicio social médico. Los trabajadores ayudan a los pacientes y a sus familias a comprender su condición. Trabajan con los pacientes para reintegrarles a la sociedad. Les ayudan a presentarse al público, a buscar trabajo, a vestirse apropiadamente, a ir y venir en público. Si los pacientes necesitan más tiempo para reintegrarse, los trabajadores sociales les buscan hogares supervisados que facilitan la reintegración. Trabajan con el paciente, la familia, los vecinos, los patronos[6] y los compañeros del paciente para hacer más fácil su regreso a la vida normal.

---

[6]*employers*

ESTUDIO DE PALABRAS

Ejercicio 1   Study the following cognates that appear in this chapter.

la necesidad	el descenso	emocional
el problema	el desinterés	educativo
la protección	la agresividad	académico
la infancia	el distrito	abrupto
el municipio	la causa	antisocial
el caso	el psicólogo	escolar
el abuso	el delincuente	urbano
el policía	el conflicto	juvenil
el contacto	el documento	psiquiátrico
el departamento	la sala de emergencia	
la condición	el sanatorio	enfocar
la circunstancia	la casa de	investigar
la corte	convalecencia	recomendar
el tratamiento		mantener
la custodia	específico	colaborar
la preparación	abandonado	requerir
la responsabilidad	periódicamente	cooperar
la supervisión	mental	resolver
la adopción	físico	reintegrarse

Ejercicio 2   Complete each expression with the appropriate word(s).

1. case of abuse   el caso de _____
2. Department of Child Care   el _____ de Bienestar y
   and Welfare   _____ de la Infancia
3. under court protection   bajo la _____ de la corte

4. under state custody   bajo la _____ del
                              _____

5. psychological help   la ayuda _____
6. medical treatment   el tratamiento _____
7. a quick (abrupt) drop   un descenso _____
8. academic achievement   el rendimiento _____
9. antisocial behavior   el comportamiento _____
10. urban school district   el _____ escolar
                              _____

Ejercicio 3 Complete each statement with the appropriate word(s).
1. El trabajador social tiene que determinar la(s) _____ y la(s)
   _____ en que tuvo lugar el abuso y luego _____ el caso y
   recomendar el _____ o el _____ apropiado.
2. Muchas veces el trabajador social tiene que _____ y _____
   con la policía u otro oficial municipal.
3. Hay que reconocer la _____ del problema antes de tratar de
   _____ el conflicto.
4. Una falta de interés, o sea, un _____ en los estudios, puede resultar
   en un _____ en el rendimiento _____.
5. Los trabajadores sociales ayudan a personas con muchos tipos de
   problemas a determinar la causa _____ o precisa de su problema, a
   conseguir la ayuda apropiada y a _____ el problema para
   _____ en la sociedad.

Ejercicio 4 Match the verbs in Column A with related nouns in Column B.

A	B
1. necesitar	a. el abuso
2. proteger	b. la supervisión
3. abusar	c. la necesidad
4. investigar	d. la ayuda
5. recomendar	e. la protección
6. ayudar	f. la investigación
7. tratar	g. el tratamiento
8. mantener	h. la recomendación
9. supervisar	i. la resolución
10. resolver	j. el mantenimiento

Ejercicio 5 Give the word or expression being defined.
1. de vez en cuando, a intervalos
2. descubrir los puntos esenciales de un problema
3. trabajar con otras personas
4. encontrar la solución para un problema
5. obrar o funcionar con otros que tienen el mismo fin
6. necesitar

Ejercicio 6   Match the definition in Column A with the appropriate word(s) in Column B.

A	B
1. del municipio	a. adoptado, adoptivo
2. del estado	b. mental
3. del condado	c. emocional
4. de la medicina	d. municipal
5. de la psicología	e. condal
6. de la psiquiatría	f. estatal
7. de las emociones	g. agresivo
8. de la mente	h. escolar
9. de la educación	i. psicológico
10. de la agresividad	j. psiquiátrico
11. de la escuela	k. educativo
12. de la adopción	l. médico

Ejercicio 7   Match the English word or expression in Column A with its Spanish equivalent in Column B.

A	B
1. well-being, welfare	a. el rendimiento académico
2. branch	b. el docente
3. county	c. la madre no casada
4. information	d. el atraso mental
5. to return	e. menor de edad
6. to care for	f. la enseñanza
7. teaching	g. cuidar de
8. minor	h. regresar
9. mental retardation	i. los informes
10. unwed mother	j. el condado (condal)
11. teacher, faculty member	k. la rama
12. academic achievement	l. el bienestar

Ejercicio 8   Complete each statement with the appropriate word(s).

1. Los maestros, los profesores son _____.
2. Los docentes se dedican a la _____.
3. El _____ del alumno desinteresado que falta frecuentemente a clase será inevitablemente bajo.
4. El que tiene menos de 18 años es _____.
5. Los trabajadores sociales siempre piensan en el _____ de sus clientes.
6. Muchos trabajadores sociales trabajan para organizaciones o instituciones y otros tienen su propia _____.
7. Hoy día hay muchas madres _____ que son menores de edad.
8. Los niños que tienen un _____ tienen dificultades con los estudios académicos.
9. El trabajo social tiene muchas _____ especializadas.

10. Varios (o muchos) municipios forman un _____.
11. Hay que analizar los _____ obtenidos antes de llegar a una decisión o determinación.
12. Los trabajadores sociales ayudan a las familias a _____ sus miembros incapacitados o desamparados.

Ejercicio 9 Match the English word or expression in Column A with its Spanish equivalent in Column B.

A	B
1. to appear	a. el seguro
2. to take root, settle, stem from	b. el papeleo
3. to place	c. el hogar
4. confidence	d. aparecer
5. home	e. la consulta
6. advisor, counselor	f. radicar
7. to miss class	g. ubicar
8. family counselor	h. el consejero
9. (doctor's, counselor's) office	i. el consejero familiar
10. to get, obtain	j. la confianza
11. paperwork	k. faltar a clase
12. insurance	l. conseguir
13. foster family	m. la familia de crianza

Ejercicio 10 Complete each statement with the appropriate word(s).
1. En muchos casos que tratan de niños el trabajador social tiene que determinar si el niño puede regresar a su _____.
2. Si el niño no puede regresar a su _____, entonces el trabajador social lo tiene que _____ en una casa para niños abandonados o en un orfanato.
3. Es importante que el niño cliente tenga _____ en su trabajador social.
4. Si el niño _____ periódica o contínuamente, se verá un descenso en el rendimiento académico.
5. La mayoría de la gente tiene _____ médicos para pagar los gastos de hospitalización, etc.
6. Los trabajadores sociales ayudan a los desempleados a _____ trabajo.
7. El _____, como indica el título, se especializa en la resolución de problemas y conflictos de la familia.
8. Algunos trabajadores sociales no trabajan con ninguna organización y tienen su propia _____.
9. La mayoría de los problemas que tienen los niños _____ en el hogar.
10. Los documentos, los formularios, etc., son _____.

COMPRENSION

Ejercicio 1   Complete each statement as completely as possible.
1. Los tres métodos de trabajo social son ...
2. Los trabajadores sociales se ocupan de los niños con problemas ...
3. Los trabajadores sociales en las escuelas cooperan con ...
4. Los trabajadores sociales que trabajan en los hospitales ...

Ejercicio 2   Answer.
1. ¿Qué es el trabajo de caso?
2. ¿Quiénes son los clientes de los trabajadores sociales que se especializan en el bienestar y la protección de la infancia?
3. Al recibir de un oficial un aviso de un caso de abuso o abandono de un niño, ¿qué hace el trabajador social?
4. ¿Qué tiene que preparar el trabajador social?
5. ¿Quiénes tienen la responsabilidad de los niños bajo la custodia del Estado?
6. ¿Qué buscan los trabajadores sociales para las madres menores de edad o no casadas?
7. ¿Por qué son necesarios los servicios sociales en las escuelas?
8. ¿Cómo pueden manifestarse en la escuela los problemas que tienen los niños?
9. ¿Dónde radica frecuentemente el problema?
10. ¿A qué se dedican los consejeros familiares?
11. ¿Qué tratan de hacer los consejeros familiares?
12. ¿Cómo ayudan los trabajadores de servicio social psiquiátrico a sus pacientes?

Capítulo **13**
OTRAS ESPECIALIDADES— CASO Y GRUPO

Asistencia social pública

La mayoría de los asistentes sociales trabajan para el gobierno en programas de bienestar público. El propósito de estos programas es el de proveer a personas que no tienen sus propios recursos los servicios que necesitan y ayuda financiera. En grandes metrópolis como Nueva York, Chicago y Los Angeles, los presupuestos para asistencia pública llegan a los miles de millones de dólares. También el gobierno federal contribuye a programas de asistencia pública—Medicare, cupones alimenticios, ayuda a familias con niños dependientes y otros. La asistencia pública cubre una enorme gama de la población: a los niños pequeños y a los ancianos, a los enfermos y a los inválidos, a los desempleados, a individuos y familias.

Asistente de admisión y asistente aprobado Los dos tipos de asistentes sociales que se encuentran en casi todas las oficinas de asistencia pública son el asistente de admisión y el asistente aprobado. Algunas tareas del asistente de admisión son: entrevistar a los clientes que acuden por primera vez; llenar los formularios sobre familia y estado económico; visitar el domicilio del cliente para verificar la información; comunicarse con los patronos presentes o pasados del cliente, sus bancos o compañías de finanzas; determinar los tipos y las cantidades de ayuda a los que tiene derecho el cliente. El asistente aprobado se reúne con los clientes y les explica sus beneficios, sus obligaciones y todas las reglas y formularios necesarios.

Programas de libertad condicional y de libertad vigilada

Los EE.UU. tiene más personas en prisión que cualquier otro país industrializado. Es importante tener programas de libertad condicional y de libertad vigilada para aquellos delincuentes que no representan un peligro para la sociedad, especialmente los delincuentes juveniles.

Oficial bajo palabra La libertad bajo palabra se le otorga a un convicto antes de que cumpla la sentencia total. Estos convictos están bajo la supervisión de un oficial bajo palabra. El oficial bajo palabra tiene que familiarizarse con el caso antes de que se liberte al convicto. El oficial aprueba y vigila el domicilio del convicto y también las personas con quienes tendrá contacto. Visita la familia. Habla con los patronos, los consejeros vocacionales y los centros de entrenamiento para ayudarle al convicto a conseguir empleo. Se reúne periódicamente con el convicto para oír sus quejas, sus preocupaciones y sus problemas. Si lo cree útil, puede aconsejarle programas de ayuda psicológica o terapia de grupo. El oficial vigila todas las actividades de su «cliente». Aunque el trabajo del oficial es un servicio social, el oficial es, sobre todo, un agente del orden. El puede decidir revocar la libertad bajo palabra.

Oficial de probatoria La libertad provisional o probatoria es una alternativa a una sentencia de prisión. Los jueces a menudo tienen la opción de la libertad probatoria cuando creen que el delincuente no es un peligro y que la sociedad no se beneficiaría de su encarcelamiento. El oficial de probatoria investiga el caso antes de que se pronuncie sentencia. Habla con la familia, los compañeros, los patronos y los vecinos del delincuente para conocer las circunstancias del comportamiento criminal. El oficial entonces da su recomendación a la corte. Si se le da la libertad provisional, entonces el oficial tiene que supervisar a su cliente. Hace todo lo posible para evitar que el cliente cometa otro delito. Si es necesario, le envían a una clínica para tratar el alcoholismo o la adicción a las drogas. Igual que los oficiales bajo palabra, los oficiales de libertad probatoria son agentes del orden primero y trabajadores sociales después.

Método de grupo

Este tipo de trabajo requiere la habilidad de hablar tanto con individuos como grupos de diferentes tamaños. El trabajador con grupos funciona como guía[1]. Una de sus responsabilidades es la de desarrollar los talentos y las destrezas de los miembros del grupo. Los trabajadores ayudan en la planificación y coordinan las actividades, aconsejan y resuelven desacuerdos dentro del grupo.

Hay una variedad de actividades de grupo con diferentes fines. Hay grupos que se dedican al recreo, especialmente para niños, adolescentes y ancianos. Hay grupos con fines de salud física y mental. Hay grupos para mujeres golpeadas, para padres de hijos con defectos mentales o físicos, para alcohólicos, para drogadictos, para enfermos terminales, para adictos a los juegos de azar. Los grupos se organizan bajo el auspicio de centros comunitarios, hospitales, prisiones, instituciones religiosas, hogares para niños o para ancianos. Hay muchos programas de rehabilitación física y ocupacional que emplean el método de grupo.

---

[1]*guide*

ESTUDIO DE PALABRAS

Ejercicio 1 Study the following cognates that appear in this chapter.

la asistencia	la población	la prisión
el asistente	el banco	el convicto
el domicilio	la compañía	la supervisión
los recursos	las finanzas	el caso
la metrópoli	la obligación	la sentencia

la preocupación	el centro	mental
el problema	la habitación	ocupacional
la terapia		
el agente	social	proveer
la alternativa	público	contribuir
la opción	comunitario	familiarizarse
la recomendación	dependiente	revocar
la planificación	criminal	supervisar
el auspicio	físico	resolver

Ejercicio 2   Complete each expression with the appropriate word(s).
1. public assistance   la asistencia _____
2. public welfare   el bienestar _____
3. social worker   el asistente _____
4. dependent children   los niños _____
5. finance company   la _____ de finanzas
6. prison sentence   la _____ de prisión
7. group therapy   la terapia de _____
8. criminal behavior   el comportamiento _____
9. physical and mental health   la salud _____ y

_____
10. community recreation center   el _____ comunitario de
recreo
11. physical rehabilitation   la _____ física
12. occupational rehabilitation   la rehabilitación _____

Ejercicio 3   Match the word in Column A with its definition in Column B.

A	B
1. la obligación	a. la cárcel
2. contribuir	b. la protección, el favor
3. el domicilio	c. la responsabilidad, el deber
4. la prisión	d. la inquietud
5. la preocupación	e. dar
6. la opción	f. vigilar
7. supervisar	g. la casa, la residencia
8. resolver	h. la gran ciudad
9. el auspicio	i. encontrar una solución
10. la metrópoli	j. la alternativa

Ejercicio 4   Match the English word or expression in Column A with its Spanish equivalent in Column B.

A	B
1. financial help	a. el cupón alimenticio
2. budget	b. el presupuesto
3. food stamp	c. llenar el formulario

4. intake worker
5. certified social worker
6. to interview
7. to fill out a form
8. to check
9. benefits
10. boss, employer
11. to approve
12. to avoid

d. el asistente de admisión
e. el asistente aprobado
f. los beneficios
g. evitar
h. entrevistar
i. el patrono
j. aprobar
k. la ayuda financiera
l. verificar

Ejercicio 5   Give the word or expression being defined.
1. la asistencia que uno recibe en forma de dinero o fondos
2. el jefe, el supervisor, el que le da empleo
3. chequear, comprobar, determinar la verdad
4. proveer los datos en un papel o documento
5. lo que provee el gobierno a los necesitados (pobres) para comprar comida
6. el bien que se recibe, provecho
7. dar una interviú
8. el plan o pronóstico de ingresos y gastos (egresos)
9. asentir, declarar apto o apropiado
10. impedir

Ejercicio 6   Match the English word or expression in Column A with its Spanish equivalent in Column B.

A	B
1. probation	a. el consejero vocacional
2. parole	b. el juez
3. danger	c. la mujer golpeada
4. parole officer	d. la libertad bajo palabra
5. to approve	e. la libertad probatoria (provisional)
6. vocational counselor	f. el encarcelamiento
7. complaint	g. el peligro
8. training center	h. el oficial bajo palabra
9. judge	i. la destreza
10. imprisonment	j. aprobar
11. disagreement	k. el centro de entrenamiento
12. battered woman	l. el desacuerdo
13. skill	m. la queja

Ejercicio 7   Complete each statement with the appropriate word(s).
1. La _____ es víctima de abusos violentos.
2. El tiene una _____ porque considera el tratamiento que está recibiendo una injusticia.

3. Ella tiene muchos talentos y _____ que le deben ayudar en su carrera.

4. Le han dado _____. Significa que ha servido una parte de su sentencia.

5. El juez le ha dado _____ en vez de ponerlo en la cárcel (prisión).

6. El acusado sólo puede recibir libertad probatoria si el _____ cree que no presenta ningún _____ a la sociedad.

7. El juez le condenó a 20 años de _____.

8. Hay un _____ de _____ en la penitenciaría donde tratan de reeducar y rehabilitar a los prisioneros.

9. El _____ puede aconsejarle sobre sus opciones de empleo según sus destrezas.

10. Las dos partes tienen que resolver el _____ pronto.

COMPRENSION

Ejercicio 1   Select the appropriate word(s) to complete each statement.

1. La mayoría de los asistentes sociales trabajan para (el gobierno / organizaciones caritativas privadas).

2. Medicare es un ejemplo de un (presupuesto municipal / programa de asistencia pública).

3. El oficial bajo palabra es sobre todo un (agente del orden / asistente social).

4. Se le otorga la libertad (bajo palabra / probatoria) después de que el convicto haya cumplido con una parte de su sentencia de encarcelamiento.

Ejercicio 2   Answer.

1. ¿Cuál es el propósito de los programas gubernamentales de bienestar público?

2. ¿Cuál es la diferencia entre el trabajo que hace el asistente social de admisión y el asistente aprobado?

3. ¿A quién se le otorga (da) la libertad bajo palabra?

4. ¿Qué es la libertad provisional o probatoria?

5. ¿Cuándo tienen los jueces la opción de otorgar la libertad probatoria?

6. ¿Qué hace el oficial de probatoria antes de que se pronuncie sentencia al convicto?

7. ¿Cómo funciona el asistente social que trabaja con grupos?

Ejercicio 3   Complete each statement with the appropriate words.

1. Los programas de asistencia pública son _____, _____, _____ y _____.

2. _____, _____, _____ y _____ benefician de los programas de asistencia pública.

3. Algunas tareas del asistente social de admisión son _____,
_____, _____ y _____.
4. Algunas tareas del oficial bajo palabra son _____, _____,
_____ y _____.
5. Hay grupos terapéuticos para _____, _____, _____ y
_____.
6. Los grupos se organizan bajo el auspicio de _____, _____,
_____ y _____.

Capítulo 14
SERVICIO SOCIAL COMUNITARIO / PREPARACION PROFESIONAL

Existen, en casi todas las ciudades y pueblos, unas cuantas agencias, organizaciones e instituciones que proveen diferentes tipos de servicio social. Lo mejor es que estos servicios se complementen, es decir, que cubran distintas necesidades. En cambio, si hay duplicación de servicios por las diferentes agencias, entonces hay una pérdida de recursos.

Servicio social comunitario

Este tipo de trabajo requiere mucha experiencia y preparación profesional. Los profesionales en esta rama preparan análisis de necesidades. Estudian las necesidades de la comunidad en áreas tales como salud, bienestar, recreo y rehabilitación. Determinan las necesidades de los ancianos, de los niños, de los pobres. Luego examinan los programas existentes y ayudan en determinar los incrementos que serán necesarios o, por lo contrario, la posible eliminación de programas. Se reúnen con los oficiales de las agencias públicas y privadas, con los líderes de la comunidad y con el pueblo. Si surgen nuevos problemas en la comunidad—consumo de alcohol por menores, evidencia de discriminación racial, falta de oportunidades para impedidos o de actividades para ancianos— ellos colaboran con las agencias y organizaciones existentes para crear programas apropiados. Los especialistas en organizaciones de la comunidad son empleados de asociaciones nacionales, de juntas de agencias locales, de instituciones privadas o del gobierno.

La coordinación de actividades entre varias agencias y grupos es una de las responsabilidades importantes. Otra es la búsqueda de fondos para realizar los proyectos. Estos especialistas conocen las diferentes fuentes públicas y privadas, saben preparar propuestas y ayudan a las agencias en la preparación de propuestas para conseguir subvención del gobierno o recaudar fondos de fundaciones privadas. También son expertos en el fomento de interés y apoyo para sus programas. Conocen a los líderes de la comunidad y quienes tienen influencia.

El personal profesional

La mayoría de las personas involucradas[1] en los servicios sociales son profesionales. Por lo tanto, comúnmente tienen título universitario. No obstante, también hay una serie de puestos que no necesariamente requieren título académico. Generalmente, estos puestos se consideran paraprofesionales. Los especialistas en organización de la comunidad tienen, por lo menos, una maestría en trabajo social, aunque muchos tienen un doctorado, más varios años de experiencia administrativa. Los asistentes sociales en las oficinas de bienestar público casi siempre tienen un título universitario. En muchos casos los asistentes comienzan como oficinistas con sólo un diploma de la escuela secundaria. Muchas oficinas de bienestar público les ofrecen a sus empleados asistencia financiera y permiso para ausentarse para que consigan un título académico. Para los puestos de más responsabilidad a menudo se requiere un título avanzado y varios años de experiencia. Los trabajadores sociales que trabajan con casos y grupos en áreas como rehabilitación, como consejeros matrimoniales y familiares y en las escuelas y hospitales tienen como mínimo un título universitario y, muchas veces, una maestría. Los oficiales bajo palabra y los oficiales de probatoria normalmente tienen que tener un título universitario, aunque no necesariamente en trabajo social.

Los paraprofesionales

En casi todas las ramas de servicio social existen puestos para personal sin título universitario. Los auxiliares de asistencia social, por ejemplo, trabajan juntos con y bajo la supervisión de los asistentes sociales. Ellos pueden entrevistar a los clientes para determinar sus necesidades y sugerirles como resolver sus problemas. Estos trabajadores también pueden estudiar los documentos de los clientes para determinar los beneficios a los que tienen derecho. Los auxiliares de asistencia social aprenden mientras trabajan, y así adquieren experiencia. Muchos de ellos tienen alguna preparación académica postsecundaria, de universidad de dos años, por ejemplo, o de institutos técnico-vocacionales.

Muchas personas, especialmente los ancianos y personas que están reponiéndose (recuperándose, restableciéndose) de una enfermedad, necesitan ayuda con los quehaceres domésticos para poder quedarse en sus propios hogares. Los auxiliares médico-domésticos son paraprofesionales que los asistentes sociales asignan a un cliente. Los auxiliares visitan a los clientes según sea necesario y les ayudan con el aseo personal, la limpieza, las compras, etc. Los auxiliares no tienen que tener ninguna preparación formal.

Hay puestos para auxiliares en varias otras áreas de servicio social. Los auxiliares en guarderías infantiles ayudan en el cuidado y recreo de los niños. Hay auxiliares en centros de juventud que ayudan en programas vocacionales y de deportes. En programas de rehabilitación los auxiliares sirven de asistentes en fisioterapia y reeducación ocupacional. En muchos centros comunitarios hay

---

[1]*involved*

puestos para auxiliares de tiempo completo o de tiempo parcial. Los auxiliares tienen una variedad de responsabilidades. Trabajan en programas para ancianos, para niños y adolescentes, bajo la supervisión de personal profesional.

ESTUDIO DE PALABRAS

Ejercicio 1 Study the following cognates that appear in this chapter.

la necesidad	la fundación	racial
la duplicación	la maestría	privado
el servicio	la experiencia	universitario
el análisis	la oportunidad	administrativo
el incremento	la asistencia	financiero
la eliminación	la asistencia	
la reducción	el paraprofesional	
la reducción	la fisioterapia	complementarse
el líder		preparar
la comunidad	social	examinar
el menor	comunitario	resolver
la discriminación	existente	

Ejercicio 2 Complete each expression with the appropriate word(s).

1. community social service   el _____
   _____ comunitario
2. existing programs   los programas _____
3. community leader   el _____ de la comunidad
4. racial discrimination   la _____ racial
5. lack of opportunities   la falta de _____
6. private foundation   la fundación _____
7. university degree   el título _____
8. master's degree in social work   la maestría en trabajo _____
9. administrative experience   la experiencia _____
10. youth center   el _____ de juventud
11. community organization   la _____ comunitaria

Ejercicio 3 Give the word or expression being defined.

1. encontrar una solución
2. la ayuda
3. el que todavía no ha cumplido los 18 años
4. el estudio detallado y minucioso
5. el jefe
6. lo contrario de «el incremento»
7. el aumento
8. la reducción total, la exclusión

Ejercicio 4   Match the English word or expression in Column A with its Spanish equivalent in Column B.

A	B
1. health	a. entrevistar
2. welfare	b. el consejero matrimonial
3. recreation	c. el consumo
4. consumption	d. el recreo
5. marriage counselor	e. el bienestar
6. to interview	f. la salud
7. to suggest	g. sugerir
8. home-care helper	h. a tiempo parcial
9. cleanliness, hygiene	i. a tiempo completo
10. housecleaning	j. la limpieza
11. full-time	k. el aseo
12. part-time	l. el auxiliar médico-doméstico

Ejercicio 5   Complete each statement with the appropriate word(s).

1. Si uno quiere mantener buena _____ hay que practicar el aseo personal.
2. El _____ exagerado del alcohol es el alcoholismo.
3. La _____ de la casa es uno de los quehaceres domésticos.
4. El trabaja 40 horas por semana, lo que se considera a _____.
5. Si los esposos están pensando en el divorcio o la separación es aconsejable que consulten a un _____.
6. El consejero puede _____, pero no puede obligar.
7. Ejemplos de _____ son los deportes, los ejercicios y otras actividades físicas o culturales.
8. El consejero tiene que _____ a sus clientes.
9. El _____ público se compone de muchos factores.
10. El _____ visitará a un enfermo que está recuperándose en casa para ayudarle con sus quehaceres domésticos.

Ejercicio 6   Match the English word or expression in Column A with its Spanish equivalent in Column B.

A	B
1. board	a. el proyecto
2. project	b. la propuesta
3. proposal	c. la subvención
4. source of funds	d. el fomento
5. search	e. el apoyo
6. to collect	f. la búsqueda
7. subsidy	g. la fuente de fondos
8. support	h. los beneficios
9. promotion, development	i. recaudar
10. benefits	j. la junta

Ejercicio 7 Complete each statement with the appropriate word(s).
1. La _____ directiva de la organización tiene siete miembros.
2. Una gran fundación privada caritativa puede ser una _____ de fondos para programas sociales.
3. La _____ de fuentes de fondos no es una tarea fácil.
4. Si un proyecto no tiene _____, va a fracasar (no va a tener éxito).
5. El gobierno _____ impuestos para subvencionar muchos programas sociales.
6. Antes de recibir fondos de una fundación, hay que someter una _____ a los miembros de la junta de la fundación.

Ejercicio 8 Give the word or expression being defined.
1. la promoción y protección para desarrollar o establecer algo
2. la acción de contribuir fondos a una institución u organización sin administrarla directamente
3. el soporte, el sostén
4. la proposición o idea ofrecida para un fin
5. el plan que se forma

COMPRENSION

Ejercicio 1 Answer.
1. ¿Qué estudian los profesionales que trabajan en el servicio social comunitario?
2. ¿Qué determinan?
3. ¿Con quiénes se reúnen?
4. ¿Qué tienen que preparar?
5. ¿Qué tienen que buscar?

Ejercicio 2 Tell what experience or background one must possess to do/be the following.
1. el profesional involucrado en los servicios sociales comunitarios
2. el especialista en organización de la comunidad
3. el asistente social en una oficina de bienestar público
4. el trabajador social de casos y grupos
5. el consejero matrimonial
6. los oficiales bajo palabra o de probatoria
7. el auxiliar de asistencia social

Capítulo 15
PROBLEMAS SOCIALES —
LA POBREZA

La pobreza

«Pobreza» es un término relativo. Lo que constituye la pobreza en una sociedad sería riqueza en otra. No hay una definición exacta. Lo obvio es que la gente pobre tiene poco ingreso y poco dinero que gastar en bienes y servicios. Otra definición es un ingreso inferior a la mitad del ingreso medio familiar. El gobierno federal de los EE.UU. determina cada año el ingreso anual necesario para satisfacer las necesidades mínimas de subsistencia de una familia. Esta cantidad, expresada en dólares, se llama el «umbral de pobreza». Según este criterio, en 1991 se calculó que unos 32 millones de personas en los EE.UU. estaban por debajo del umbral de pobreza. La pobreza se ve no solamente en ingresos bajos, sino también en el desempleo crónico, la dependencia de la asistencia pública y el bajo status ocupacional.

En los EE.UU. el fenómeno de las personas sin hogar, viviendo en las calles de las ciudades, es un escándalo. No obstante, casi el 50% de los pobres viven en zonas rurales. Hay una desproporción en la distribución de los fondos federales destinados a los pobres, con los pobres en las áreas rurales recibiendo muy poco. Los trabajadores migratorios en la agricultura viven en condiciones difíciles. Sufren de desempleo temporal. Las mayores víctimas de pobreza son los niños y los viejos. Casi la mitad de los pobres tienen menos de 14 años o más de 65 años. Casi el 25% de las familias pobres tiene como cabeza de familia a una persona mayor de 65 años.

Causas de pobreza Hay quienes afirman que una población que se ha visto sin recursos económicos durante mucho tiempo crea una subcultura de pobreza que se perpetúa. Esta subcultura se caracteriza por fenómenos como la familia sin padre, la delincuencia, el descuido. Otros creen que las causas de la pobreza residen no en los pobres, sino en la sociedad, en la discriminación, las desigualdades de oportunidad y educación que benefician a las clases acomodadas.

Para muchos, una causa de pobreza es la discriminación contra grupos minoritarios, los viejos y las mujeres. Pocos negros e hispanos están en los niveles más altos de la sociedad. Hasta entre la clase obrera, los negros e hispanos se encuentran en un nivel económico inferior. La discriminación contra los viejos se ve en el retiro obligatorio. Muchos retirados tienen que depender del Seguro Social y la asistencia pública para sobrevivir, ya que se les ha quitado su fuente de ingreso.

Todavía existe una diferencia entre el ingreso medio de trabajadores varones y mujeres a pesar de los adelantos de los últimos años y del crecimiento en el número de mujeres en posiciones profesionales y administrativas. Más de la mitad de las familias pobres tienen a una mujer como cabeza.

En los EE.UU. existe la educación pública gratuita. No obstante, hay una alta correlación entre el ingreso anual de la familia y el rendimiento académico. Los hijos de los ricos reciben una educación superior a la de los pobres. Las personas con mejor educación ganan más dinero. Las tasas de abandono de la escuela son enormemente mayores para los pobres.

Las intervenciones

Las posibles intervenciones cubren toda la gama desde la revolución social hasta la caridad individual. Los marxistas creen que la pobreza es fruto del capitalismo y que para eliminarla hay que cambiar la estructura social. Otros mantienen que los pobres tienen que organizarse y presionar a la sociedad para efectuar el cambio. Las huelgas de los labradores migratorios y las manifestaciones de las personas sin hogar son ejemplos. Algunos especialistas en organización de la comunidad han ayudado a organizar tales manifestaciones. Es notable que casi cada vez que haya habido manifestaciones importantes por los pobres ha habido un incremento en los fondos para el bienestar social.

La distribución de riqueza En los EE.UU. se trata de distribuir la riqueza más equitativamente[1] por medio del sistema de contribuciones, imponiendo impuestos más altos a los ricos y en los productos de lujo. Los gobiernos federal, estatales y municipales han establecido programas sociales para ayudar a los pobres. Los programas pertenecen a varias categorías: oportunidades de empleo, educación y entrenamiento, mejoramiento comunitario y mantenimiento de ingreso.

Profesionales en trabajo social y voluntarios trabajan en las escuelas y en las comunidades con programas para renovar edificios, para enseñar destrezas básicas a los niños preescolares, para desarrollar destrezas ocupacionales en los jóvenes adultos, para enseñar nutrición e higiene a las familias pobres, para dar información sobre anticonceptivos. En tiempos de recesión económica hay más desempleo, y con el desempleo más familias se encuentran necesitadas y aumenta el número de pobres.

---

[1]*fairly, equitably*

ESTUDIO DE PALABRAS _____

Ejercicio 1   Study the following cognates that appear in this chapter.

lo obvio	la educación	minoritario
la necesidad	la correlación	obligatorio
la subsistencia	la intervención	público
la dependencia	la oportunidad	gratuito
el escándalo	la nutrición	comunitario
la zona	la higiene	económico
la desproporción	la recesión	
la agricultura		constituir
la víctima	anual	satisfacer
la causa	crónico	residir
la subcultura	rural	eliminar
la discriminación	migratorio	mantener
el grupo	temporal	
el retiro	perpetuo	

Ejercicio 2   Complete each expression with the appropriate word(s).

1. subsistence level — el nivel de _____
2. rural zone — la _____ rural
3. migrant worker — el labrador (trabajador) _____
4. seasonal (temporary) unemployment — el desempleo _____
5. minority group — el grupo _____
6. obligatory retirement — el retiro _____
7. free public education — la _____ _____ gratuita
8. employment opportunities — las _____ de empleo
9. community improvement — el mejoramiento _____
10. economic recession — la recesión _____

Ejercicio 3   Give the word or expression being defined.

1. lo que se ve de una manera muy clara
2. la acción de diferenciar de una manera irracional
3. un desequilibrio en la proporción
4. de siempre
5. largo y habitual
6. lo que se necesita para vivir
7. el aseo personal
8. un período de poca actividad económica
9. la relación recíproca
10. conservar, proveer lo necesario

Ejercicio 4   Match the verbs in Column A with related nouns in Column B.

A	B
1. satisfacer	a. la eliminación
2. subsistir	b. la satisfacción
3. depender	c. el mantenimiento
4. discriminar	d. la subsistencia
5. intervenir	e. la dependencia
6. eliminar	f. la intervención
7. mantener	g. la discriminación

Ejercicio 5   Match the English word or expression in Column A with its Spanish equivalent in Column B.

A	B
1. poverty	a. el descuido
2. wealth	b. la desigualdad
3. average (mean) income	c. la pobreza
4. poverty line	d. la riqueza
5. goods and services	e. la persona sin hogar, el desamparado
6. homeless person	f. la cabeza de familia
7. head of household	g. el ingreso medio
8. neglect	h. el umbral de pobreza
9. inequality	i. beneficiar
10. to benefit	j. los bienes y servicios

Ejercicio 6   Complete each statement with the appropriate word(s).
1. En el pasado al esposo (al padre) se le consideraba casi siempre
_____ pero hoy en día es frecuente que una mujer sea _____.
2. Los grupos minoritarios en nuestra sociedad todavía sufren de
_____.
3. Los que viven bajo el _____ no tienen suficientes ingresos o
recursos para satisfacer las necesidades de subsistencia.
4. El que no tiene donde vivir es _____.
5. La meta (El gol) primordial de la economía es proveer _____ y
_____ para el público (mercado).
6. El _____ de los Estados Unidos es actualmente 27.225 dólares.
7. La _____ existe cuando el individuo no tiene suficientes recursos
para vivir o subsistir adecuadamente en la sociedad.
8. La _____ es el estado de tener mucho más que lo suficiente para
vivir bien en la sociedad.

Ejercicio 7   Match the English word or expression in Column A with its Spanish equivalent in Column B.

A	B
1. working class	a. el rendimiento académico
2. wealthy class	b. la tasa de abandono de la escuela

3. academic achievement
4. school drop-out rate
5. to pressure
6. strike
7. demonstration
8. taxes
9. tax system
10. luxury item
11. preschool
12. contraceptive

c. la huelga
d. preescolar
e. la clase obrera
f. la clase acomodada
g. el producto de lujo
h. presionar
i. el sistema de contribuciones
j. el anticonceptivo
k. la manifestación
l. los impuestos

Ejercicio 8   Complete each statement with the appropriate word(s).
1. En los Estados Unidos hay que pagar los _____ antes del 15 de abril. Hay muchos que creen que el _____ no es muy eficaz.
2. Los obreros que trabajan en las fábricas pertenecen en su mayoría a la clase _____ y los dirigentes, o sea, los de cuello blanco, pertenecen a la clase _____.
3. Un Porsche es un buen ejemplo de un _____.
4. Los obreros se han declarado en _____ porque no han llegado a un acuerdo salarial con la administración.
5. Algunas _____ son pacíficas y otras son _____.
6. Un niño de tres años es de edad _____.
7. Los alumnos que tienen un buen _____ no suelen abandonar la escuela.
8. La _____ es desgraciadamente bastante alta entre los alumnos de secundaria de las grandes zonas urbanas.
9. Los obreros creen que sus manifestaciones van a _____ a la administración a llegar a un acuerdo con ellos.
10. El uso de _____ es una medida que se toma para evitar el embarazo y controlar la tasa de natalidad.

COMPRENSION

Ejercicio 1   True or false?
1. La mayor parte de los pobres en los EE.UU. viven en zonas urbanas.
2. La mayoría de los fondos federales destinados a los pobres se distribuyen en las áreas rurales.
3. Los trabajadores migratorios suelen trabajar en fábricas.
4. Los trabajadores migratorios sufren de desempleo temporal porque durante ciertas temporadas no existe el tipo de trabajo que hacen.
5. Una causa de la pobreza es la discriminación contra grupos minoritarios.
6. La mayoría de las familias debajo del umbral de pobreza tienen un varón como cabeza de familia.
7. En los EE.UU. existe la educación pública gratuita.

8. Hay muy poca correlación entre el ingreso anual de la familia y el rendimiento académico de los niños.
9. Las tasas de abandono de la escuela son mayores entre los pobres que entre los más acomodados.
10. Las manifestaciones no han hecho nada para ayudar a los pobres.

Ejercicio 2   Answer.
1. ¿Por qué es la palabra «pobreza» un término relativo?
2. ¿Cuál es una definición de «pobreza»?
3. Además de los ingresos bajos, ¿cuáles son otras manifestaciones de la pobreza?
4. ¿Quiénes son las mayores víctimas de la pobreza?
5. ¿Qué crea una subcultura de pobreza?
6. ¿Qué fenómenos caracterizan la subcultura de pobreza?
7. ¿Cuál es un ejemplo de la discriminación contra la mujer?
8. ¿En qué se ve la discriminación contra los viejos?
9. En los EE.UU., ¿cómo han tratado de distribuir la riqueza más equitativamente?
10. ¿Cuáles son algunas categorías de programas que ha establecido el gobierno para tratar de ayudar a los pobres?

Capítulo 16
PROBLEMAS SOCIALES—
LA DELINCUENCIA JUVENIL

El delincuente juvenil

Para los abogados y la corte el delincuente juvenil es una persona menor de edad que ha violado un estatuto. Para el profesional de servicio social el delincuente juvenil no es necesariamente una persona que ha cometido un delito, sino un niño inadaptado o en apuros. En algunas jurisdicciones existe una diferencia entre «el ofensor por status» y «el delincuente». El ofensor por status es una persona menor que se ha comportado de manera prohibida a menores, pero no a gente mayor. Por ejemplo, ha tomado una bebida alcohólica o ha abandonado su hogar o la escuela.

Historia Antes de este siglo se les trataba a los ofensores menores de edad igual que a los mayores de edad. Las cortes para ofensores juveniles con frecuencia les quitaban a los niños de su hogar para meterlos en un reformatorio. Es de esperar que los niños en los reformatorios eran, en su mayoría, pobres. Hoy también una desproporción de los menores procesados en las cortes para ofensores juveniles pertenecen a familias pobres o a grupos minoritarios.

Características de los delincuentes Casi todos los ofensores juveniles procesados tienen entre 15 y 17 años de edad. Los niños varones representan el 80% de los arrestados. Los arrestos de niños negros representan el doble de su proporción de la población total. Es sabido que es más probable el arresto de un joven negro que de un joven blanco por la misma ofensa. Las tasas de delincuencia para blancos pobres y para negros pobres son casi iguales. Los niños de familia pobre son procesados con más frecuencia que los niños de clase media o alta.

Las incidencias de delincuencia suben con la densidad poblacional. Proporcionalmente hay menos delincuencia en las zonas rurales, más en los suburbios y las tasas más altas en los grandes centros urbanos. Según las estadísticas, los crímenes con violencia, los asaltos, por ejemplo, son más comunes entre los delincuentes pobres. Los delincuentes de clase media, típicamente roban automóviles, se emborrachan en público y destruyen propiedad ajena.

Intervenciones Hoy día, la policía y las cortes hacen todo lo posible para evitar tener que procesar al ofensor juvenil o aislarle de la sociedad. Salvo en casos graves, la policía trata de resolver los problemas sin recurrir al sistema judicial. Una vez que el niño es procesado, ya está tachado[1] de delincuente. El público lo considera delincuente y su autoimagen es de delincuente. Nadie quiere meter al niño en un reformatorio donde estará rodeado de delincuentes.

• **Las cortes** La misión de las cortes para ofensores juveniles es la rehabilitación del niño. En todo momento se trata de hacer lo mejor para el niño. Las audiencias para ofensores juveniles no son públicas. El proceso se lleva a cabo en confianza, y todos los documentos también se guardan en confianza. Los jueces en estas cortes tienen mucha flexibilidad en cuanto a la disposición de los casos. Para la primera ofensa, si no es de delito mayor, la libertad probatoria es muy común.

• **Comité de consulta juvenil** En muchas jurisdicciones existe un Comité de consulta juvenil. Estos comités se componen de miembros de la comunidad. Cuando la policía detiene a un niño por alguna infracción menor, puede recomendar que lo lleven a la corte o que aparezca ante el Comité de consulta juvenil. Si los padres y el niño están de acuerdo, el Comité oye el caso y puede imponer condiciones o sanciones. La ventaja de aparecer ante un comité es que el problema se resuelve sin la intervención de la corte, no hay documentación y se evita todo aspecto de criminalidad. Las sanciones típicas son horas de servicio a la comunidad, el pago de daños a los perjudicados, si hubiese, restricción a domicilio por cierto tiempo, etc.

• **Asistencia social** Muchos estados tienen departamentos con trabajadores sociales que trabajan con las cortes, la policía, los Comités de consulta juvenil y una variedad de agencias de la comunidad para ayudar a los ofensores juveniles. Ellos se reúnen con los jóvenes y determinan el tipo de programa o de ayuda que necesitan. Pueden recomendar terapia de grupo con un psicólogo o un programa individual. Ellos visitan las familias para entrevistarse con los padres para ver si hay otros problemas que afectan al niño. Si hay un problema de aprendizaje pueden recomendar programas especiales y consultar con los consejeros de la escuela. Con frecuencia, especialmente en áreas rurales, hay una falta de actividades para adolescentes. Los asistentes sociales pueden encontrar alguna actividad apropiada y conseguir transporte. Cuando se cree que la conducta del niño deriva de problemas económicos, el asistente puede tratar de conseguirle empleo de tiempo parcial. Los jóvenes con libertad probatoria cuentan con el oficial de probatoria para consejo y supervisión.

---

[1]*labeled, branded*

ESTUDIO DE PALABRAS

Ejercicio 1   Study the following cognates that appear in this chapter.

el delincuente	el documento	minoritario
el estatuto	la flexibilidad	poblacional
el ofensor	la disposición	urbano
la desproporción	la libertad	judicial
el grupo	la infracción	probatorio
el arrestado	la criminalidad	
la ofensa	la sanción	violar
la incidencia	el servicio	arrestar
la densidad	la comunidad	robar
el centro	el problema	resolver
el crimen	el adolescente	recurrir
el asalto		derivar
el sistema	juvenil	
la autoimagen	menor	

Ejercicio 2   Complete each expression with the appropriate word(s).

1. juvenile delinquent   el _____ juvenil
2. minor offender   el _____ menor
3. juvenile conference committee   el Comité de consulta _____
4. minority group   el grupo _____
5. population density   la _____ poblacional
6. violent crime   el _____ violento
7. judicial system   el sistema _____
8. self-image   la auto_____
9. minor infraction   la _____ menor
10. free on probation   en libertad _____
11. community service   el _____ a la comunidad
12. learning problem   el _____ de aprendizaje

Ejercicio 3   Match the verb in Column A with its noun form(s) in Column B.

A	B
1. violar	a. el asalto
2. ofender	b. la disposición
3. arrestar	c. la violación
4. asaltar	d. la ofensa, el ofensor
5. robar	e. el robo
6. resolver	f. el aprendizaje
7. disponer	g. la resolución
8. aprender	h. el arresto, el arrestado

Ejercicio 4   Select the appropriate verb to complete each expression.

resolver	recurrir	arrestar
cometer	robar	violar

1. _____ el conflicto
2. _____ a la corte
3. _____ al acusado
4. _____ un delito
5. _____ un estatuto
6. _____ la propiedad ajena

Ejercicio 5   Match the English word or expression in Column A with its Spanish equivalent in Column B.

A	**B**
1. lawyer	a. el proceso
2. court	b. el abogado
3. judge	c. el perjudicado
4. hearing	d. el pago de daños
5. trial	e. la corte
6. payment of damages	f. el juez
7. injured party	g. el delito mayor
8. in confidence	h. la audiencia
9. felony	i. en confianza

Ejercicio 6   Give the word or expression being defined.
1. el que sufrió daños, la víctima
2. el acto de oír a una parte en un pleito (caso judicial)
3. sin que todos lo sepan
4. el conjunto de los autos en una causa criminal o civil
5. lo que tiene que pagar el convicto por la pena que causó
6. el tribunal de justicia
7. el crimen serio
8. el que decide los pleitos, que tiene el cargo de aplicar la ley con la autoridad de juzgar y sentenciar
9. el que representa al acusado

Ejercicio 7   Match the English word or expression in Column A with its Spanish equivalent in Column B.

A	**B**
1. minor	a. en apuros
2. of age	b. comportarse
3. troubled (problem) child	c. detener
4. in trouble	d. menor de edad

5. to behave   e. mayor de edad
6. male   f. la propiedad ajena
7. another's property   g. el consejero
8. to stop, apprehend, detain   h. el niño inadaptado
9. counselor   i. el varón

Ejercicio 8 Complete each statement with the appropriate word(s).
1. En la mayoría de los estados el que tiene menos de 16 años es
_____.
2. Hay actos que se consideran ilegales para los menores de edad que no lo son para los _____.
3. ¿Qué le pasa a este niño? Me parece que está _____. Lo tenemos que ayudar.
4. Ese pobre niño _____ tiene muchísimos problemas. Necesita la ayuda de un consejero psicólogo.
5. La policía puede _____ al acusado pero es inocente hasta que se le pruebe culpable.
6. La gran mayoría de los delincuentes juveniles son adolescentes _____, no hembras.
7. Lo que no le pertenece (no es propiedad suya) es _____.
8. El tiene que _____ mejor. Su conducta es bastante mala.

COMPRENSION

Ejercicio 1 True or false?
1. Antes de este siglo no había ninguna diferencia entre el tratamiento que recibían los ofensores menores de edad y los mayores de edad.
2. Metían a los ofensores juveniles en un asilo.
3. En el pasado igual que hoy la mayoría de los ofensores juveniles pertenecían a familias pobres.
4. El arresto de jóvenes minoritarios en los EE.UU. es proporcional a su representación en la población total.
5. Los niños de familias pobres son procesados con igual frecuencia que los niños de la clase media o alta.

Ejercicio 2 Answer.
1. ¿Quién es un delincuente juvenil para los abogados o la corte?
2. ¿Quién es un delincuente juvenil para el profesional de servicio social?
3. ¿Qué es el ofensor por status?
4. ¿Quiénes representan el mayor número de jóvenes arrestados?
5. ¿Dónde son más altas las tasas de delincuencia juvenil?
6. ¿Qué tipos de delitos tienden a cometer los delincuentes pobres?
7. ¿Qué tipos de delitos tienden a cometer los delincuentes de la clase media?
8. Hoy día, ¿qué hacen las cortes y la policía con los ofensores juveniles?
9. ¿Cuál es la misión de las cortes?

10. ¿Por qué se llevan a cabo en confianza las audiencias para ofensores juveniles?
11. ¿Cuál es una sentencia común en el caso de una primera ofensa que no sea de delito mayor?
12. ¿Qué es un Comité de consulta juvenil?
13. ¿Por qué beneficia al joven aparecer ante el Comité de consulta juvenil?
14. ¿Qué hacen los trabajadores sociales con los ofensores juveniles?

Capítulo 17
LA ADICCION—
EL ALCOHOLISMO

Hay muchas personas cuyas vidas están controladas por las drogas. En algunos casos el empleo de la droga es absolutamente necesario para su funcionamiento normal. Ejemplos son la insulina para los diabéticos y la L-dopa para las víctimas de Parkinson. Pero también hay millones de personas que voluntariamente se dejan controlar por las drogas, legales e ilegales, incluso el alcohol. Su dependencia de las drogas puede llegar a tal extremo que ya no pueden funcionar normalmente, y la droga llega a ser el móvil de su vida.

El alcoholismo

El alcoholismo es difícil de definir precisamente. Hay factores culturales y sociales que intervienen. En el Japón no es mal visto que los compañeros de trabajo se emborrachen de vez en cuando. En los países mediterráneos es normal tomar algunas copas de vino todos los días. En otras culturas el consumo diario de alcohol se consideraría anormal.

Generalmente se define al alcohólico como uno que toma más de la norma de su sociedad y cuyo consumo de alcohol afecta su salud mental y físico e interfiere con su funcionamiento social y económico. El factor más importante parece ser la dependencia y no necesariamente la cantidad. La dependencia es la pérdida de control sobre el alcohol. El alcohólico tiene que tomar y no puede parar[1] de tomar.

Hoy el alcoholismo se trata como una enfermedad y no como una deficiencia moral como en el pasado. En los EE.UU. se calcula que la mitad de la población adulta consume alcohol, y entre ellos un 7% son alcohólicos. A pesar de toda la atención que se da a las drogas ilícitas, el alcohol es la droga de mayor consumo y de mayor impacto negativo en la sociedad contemporánea. Bien sabidos son los efectos del alcoholismo sobre la familia y el trabajo, además de como afecta al individuo.

Las intervenciones

En los EE.UU. ha existido una ambivalencia en cuanto al consumo de alcohol.

La Ley Volstead Un movimiento para prohibir el consumo de alcohol resultó en la Ley Volstead, aprobada en 1919, que declaró ilegal la producción y consumo de

---

[1]*stop*

bebidas alcohólicas. El efecto de la ley fue la creación de toda una industria, controlada por criminales, para satisfacer la demanda de bebidas alcohólicas. La ley se abrogó[2] en 1933.

Estatutos estatales y locales Existen numerosos estatutos estatales y locales para tratar de controlar el consumo de alcohol. En algunos estados sólo se puede comprar licor en expendedurías[3] del estado. En otros se puede vender licor sólo durante determinadas horas. Hay comunidades donde se prohíbe la venta totalmente. Hay una edad mínima para el consumo, 21 años en casi todos los estados. Existen estatutos que prohíben estar borracho en público, y la policía arresta a unos dos millones cada año. Por acuerdo voluntario con las emisoras[4] no aparece propaganda de licor en la radio ni en la televisión, pero sí aparece publicidad para vinos y cervezas. En las escuelas enseñan «los efectos dañinos del alcohol y del tabaco».

Programas para alcohólicos Porque el alcoholismo se ve hoy como enfermedad, el énfasis se da al tratamiento y no a la condena y al castigo. En casi todas las comunidades hay programas para alcohólicos. Algunos están subvencionados[5] por el gobierno o por instituciones benéficas. Otros están en el sector privado y cobran por sus servicios. Lo más común es el trabajo de grupo. Los que coordinan las reuniones son especialistas en este tipo de terapia de grupo. En las reuniones tratan de descubrir las causas de la adicción y hacer que sus clientes se adapten a una vida sin alcohol. El programa más conocido es el de Alcohólicos Anónimos (AA), una organización cuyos miembros son todos alcohólicos que ya no toman. AA enfatiza el apoyo mutuo como componente básico de la terapia. Al-Anon es un programa que envuelve a toda la familia en la recuperación del alcohólico y les ayuda a confrontar el problema juntos.

La Ley de Rehabilitación La Ley de Rehabilitación, aprobada por el Congreso en 1973, prohíbe la discriminación contra alcohólicos en cualquier programa subvencionado por el gobierno federal. Por eso las empresas privadas están ofreciendo ayuda a sus empleados para confrontar el alcoholismo. Los seguros médicos ahora cubren los gastos para el tratamiento de esta enfermedad.

Centros de rehabilitación Ha habido recientemente una proliferación de clínicas o centros de rehabilitación privados que se especializan en el tratamiento del alcoholismo y otras adicciones. Esto se debe, en gran parte, a la determinación de que las adicciones son enfermedades y a la Ley de Rehabilitación, que obliga a los hospitales a tener un servicio de destoxificación para tratar a los alcohólicos, y a las compañías de seguros médicos a pagar el tratamiento de personas adictas al alcohol y a las drogas. El alcohólico nunca se cura. Es alcohólico para siempre. Pero puede aprender a vivir sin beber.

---

[2]*was repealed*   [3]*dispensaries (liquor stores)*   [4]*broadcasting stations*   [5]*subsidized*

ESTUDIO DE PALABRAS

Ejercicio 1   Study the following cognates that appear in this chapter.

la droga	el licor	ilícito
el funcionamiento	el tabaco	anormal
la insulina	el enfoque	moral
el diabético	el tratamiento	alcohólico
el alcohol	la terapia	mínimo
la dependencia	el grupo	adicto
el extremo	la adicción	
el alcoholismo	Alcohólicos Anónimos	intervenir
el factor	la recuperación	afectar
la norma		interferir
el control	controlado	calcular
la deficiencia	legal	prohibir
la ambivalencia	ilegal	curar

Ejercicio 2   Complete each expression with the appropriate word(s).

1. normal functioning   el funcionamiento _____
2. drug (alcohol) dependence   la _____ de las drogas o del _____
3. loss of control   la pérdida de _____
4. illicit drug   una droga _____
5. alcoholic beverages   las bebidas _____
6. minimum age   la edad _____
7. group therapy   la terapia de _____
8. drug addiction   la adicción a las _____
9. addicted person   la persona _____
10. Alcoholics Anonymous   _____ Anónimos

Ejercicio 3   Tell what is being described or defined.

1. la marihuana, la cocaína, la heroína
2. el ron, la ginebra, el whiskey
3. dentro de la ley
4. fuera de la ley
5. la falta de decisión
6. dentro de la norma
7. fuera de la norma
8. no permitir, impedir
9. el estado de estar bajo el dominio de algo
10. lo que se da para tratar de curar o aliviar una enfermedad

Ejercicio 4   Match the English word or expression in Column A with its Spanish equivalent in Column B.

A	B
1. use	a. los seguros médicos
2. motive	b. envolver
3. to get drunk	c. el apoyo
4. drunk	d. la reunión
5. consumption	e. el castigo
6. illness, disease	f. la condena
7. advertising	g. los efectos dañinos
8. harmful effects	h. la propaganda, la publicidad
9. condemnation	i. la enfermedad
10. punishment	j. el consumo
11. meeting	k. borracho
12. support, help	l. emborracharse
13. to involve	m. el móvil
14. medical insurance	n. el empleo

Ejercicio 5   Complete each statement with the appropriate word(s).

1. Los _____ son los seguros que uno tiene para cubrir los gastos médicos en caso de enfermedad.
2. Si uno toma o consume una cantidad excesiva de bebidas alcohólicas, va a _____.
3. El está _____. Tomó más de cinco tragos (de licor).
4. El _____ de drogas es normal y necesario para individuos que padecen de ciertas enfermedades o condiciones.
5. Se prohíbe la _____ de sustancias controladas. Es ilegal.
6. En las escuelas los niños aprenden los _____ del uso del alcohol y del tabaco.
7. Alcohólicos Anónimos es una organización que _____ a los alcohólicos.
8. Al-Anon es una organización que _____ a los miembros de las familias de alcohólicos.
9. Hoy día el alcoholismo se considera una _____, no una deficiencia moral.
10. El _____ excesivo del alcohol tiene muchos efectos dañinos.
11. Cada individuo debe tener un _____ o gol en la vida.

COMPRENSION

Ejercicio 1   True or false?

1. La mayoría de la gente que consume alcohol es alcohólica.
2. La droga de mayor consumo y de mayor impacto negativo en los EE.UU. es la cocaína.

3. La mayoría de los estados tienen una edad mínima para el consumo legal del alcohol.
4. No aparece ninguna propaganda en la radio ni en la televisión para el alcohol.
5. La mayoría de la terapia para el alcoholismo es de grupo.
6. El gol de los programas de rehabilitación para el alcohólico es hacer que sus clientes se adapten a una vida sin alcohol.
7. Como el alcoholismo no es una enfermedad, los seguros médicos no cubren los gastos para su tratamiento.
8. El alcohólico es alcohólico para siempre, pero puede tener una vida normal sin alcohol.

Ejercicio 2   Answer.
1. ¿En qué casos es necesario y normal el empleo de las drogas?
2. ¿Hasta qué extremo puede llegar la dependencia en las drogas para algunos individuos?
3. ¿Cómo se define generalmente al alcohólico?
4. ¿Cuál parece ser el factor más importante en el alcoholismo?
5. ¿Qué es la dependencia?
6. ¿Cómo se trata el alcoholismo hoy?
7. ¿Cómo ha tratado el gobierno de controlar el consumo del alcohol?
8. ¿Qué es «Alcohólicos Anónimos»?
9. ¿Qué es Al-Anon?

Capítulo 18
LA ADICCION—
LAS DROGAS

En 1773 la East India Company decidió pagar el té que compraban a los chinos en Cantón con opio de Bengala en lugar de plata. En 1800 la adicción al opio en China era tan grave que el gobierno chino prohibió su uso, sin efecto. También prohibieron su importación. Esta prohibición llevó a la «Guerra de opio» con Inglaterra en 1834.

La fórmula original de Coca-Cola contenía cocaína. Hasta su propaganda mencionaba los benéficos efectos de la coca, un ingrediente importante del producto.

Las drogas

En términos técnicos cualquier sustancia química que afecta la estructura o el funcionamiento del organismo es una droga. Muchos productos inofensivos—cafeína, vitaminas y aspirinas, por ejemplo,—son drogas, según esa definición. Las drogas que crean problemas son las drogas psicotrópicas o psicoactivas. Estas drogas tienen la capacidad de alterar las percepciones mentales y el estado de ánimo.

Categorías de drogas Hay varias categorías de drogas: estimulantes (anfetaminas y los productos sintéticos como la bencedrina y dexedrina), sedantes (barbitúricos, alcohol), narcóticos (heroína, morfina, codeína, opio), alucinógenos (hachís, marihuana, LSD).

Drogas recetadas Un problema serio existe con el abuso de drogas recetadas por médicos. Muchas personas dependen de drogas como Valium y otros tranquilizantes, recetados por sus médicos, para poder funcionar normalmente. Este tipo de abuso es frecuente entre las clases sociales más altas. Otro peligro existe con personas que se hacen adictas a las drogas en el hospital cuando se las recetan para aliviar el dolor.

Drogas legales e ilegales La sociedad determina cuáles son las drogas que se aceptan. El alcohol y la nicotina, a pesar de sus efectos dañinos, son legales, igual que las drogas recetadas por un médico. Los alucinógenos y los narcóticos son ilegales. El estado legal puede cambiar. El consumo del alcohol era ilegal en los EE.UU. en 1920, pero en 1913 se podía usar cocaína, morfina, opio o cualquier otra droga legalmente.

Propensión a las drogas Las estadísticas indican que una persona que usa cualquier droga, sea legal o ilegal, está más dispuesta a usar o abusar de otra droga. Es decir, hay una propensión al uso de drogas. Aunque el uso de drogas médico-legales ha sido muy frecuente en los EE.UU. desde el siglo pasado, el uso de drogas «recreativas» no era común hasta la década de los 60.

Drogas y crimen La «guerra contra la droga» de los años 90 estalló[1] porque la sociedad se horrorizó con la ola de criminalidad y violencia que se asoció con los narcotraficantes.

Características de la adicción Las dos características más notables son la tolerancia y los síntomas de abstinencia, los síntomas que sufre el drogadicto cuando carece de la droga. La tolerancia le obliga al drogadicto a usar cantidades cada vez mayores de la droga para sentir su efecto. Los síntomas de abstinencia son temblores, escalofríos, náuseas, ojos llorosos y nariz que moquea. La droga es el móvil de la vida del drogadicto. No puede funcionar sin la droga; hace cualquier cosa para obtenerla y no le importan las consecuencias. Es bastante común la multiadicción, especialmente la adicción a varias drogas a la vez, junto con el alcohol.

Las intervenciones

Los narcóticos, los alucinógenos y otras drogas son ilegales. Hay penalidades legales para su uso y penalidades muy graves para su distribución.

Control del narcotráfico Se ha tratado de cortar el tráfico tanto en los lugares de origen como en las vías de distribución. La DEA *(Drug Enforcement Agency)*, la agencia federal responsable del control de las drogas ilícitas, trabaja con la policía local y estatal y con los gobiernos extranjeros para controlar el narcotráfico.

La psicoterapia Hoy se reconoce que la adicción a las drogas, como el alcoholismo, es un problema médico y social. Se emplea la psicoterapia para tratar a los adictos y la terapia en grupos. Hay programas para drogadictos en la comunidad donde se reúnen en grupos con diferentes profesionales—asistentes sociales, psicólogos, terapistas, etc.

Programas de rehabilitación También hay programas donde los drogadictos se internan por determinado período de tiempo y se someten a tratamiento. En muchos casos los seguros médicos cubren este tratamiento. Si se considera que el drogadicto, después del tratamiento, todavía no está en condiciones para reintegrarse totalmente a la sociedad, hay hogares vigilados donde pueden vivir mientras que, poco a poco, vuelven a la vida normal bajo la supervisión de profesionales, especialistas en el campo.

---

[1] *burst out*

ESTUDIO DE PALABRAS

Ejercicio 1   Study the following cognates that appear in this chapter.

la adicción	la heroína	la penalidad
la sustancia	la morfina	la distribución
la estructura	la codeína	la psicoterapia
el funcionamiento	el opio	
el organismo	el hachís	químico
la droga	la marihuana	psicotrópico
la percepción	el abuso	psicoactivo
el estado	el tranquilizante	mental
el estimulante	la nicotina	notable
el sedante	la violencia	
el narcótico	la tolerancia	alterar
el alucinógeno	el síntoma	depender
la anfetamina	la abstinencia	hacerse adicto
la bencedrina	las náuseas	aliviar
los barbitúricos	la consecuencia	
el alcohol	la intervención	

Ejercicio 2   Complete each expression with the appropriate word(s).
1. chemical substance   la _____ química
2. mental perception   la _____ mental
3. state of mind   el _____ de ánimo

Ejercicio 3   Make a list of commonly used drugs.

Ejercicio 4   Select the appropriate word(s) to complete each statement.
1. (El uso / La distribución) de las drogas se considera un crimen más serio.
2. El drogadicto suele tener una (tolerancia / abstinencia) alta a las drogas.
3. Las drogas pueden (alterar / funcionar) la percepción mental y el estado de ánimo.
4. El uso de las drogas tiene (muchos alivios / enormes consecuencias).
5. La (penalidad / intervención) es necesaria para tratar y rehabilitar al drogadicto.
6. El tabaco contiene (nicotina / heroína).
7. (El organismo / La estructura) es el cuerpo.

Ejercicio 5   Match the English word or expression in Column A with its Spanish equivalent in Column B.

A	**B**
1. prescription drugs	a. la multiadicción
2. drug dealer	b. el drogadicto
3. drug traffic	c. las drogas recetadas

4. cross addiction
5. withdrawal symptoms
6. shakes
7. chills
8. teary eyes
9. runny nose
10. drug addict

d. la nariz que moquea
e. los escalofríos
f. el narcotraficante
g. el narcotráfico
h. los temblores
i. los síntomas de abstinencia
j. los ojos llorosos

Ejercicio 6   Complete each statement with the appropriate word(s).
1. Las _____ son las que recomiendan los médicos en el tratamiento de ciertas enfermedades y para el alivio de ciertas condiciones.
2. Se le llama _____ al conjunto de actividades involucradas en el transporte de las drogas de su lugar de origen a la calle donde se venden.
3. El que vende o distribuye drogas ilegales es un _____.
4. La _____ significa que el adicto abusa de más de una sustancia química.
5. El _____ es el que abusa de las drogas hasta el punto de necesitarlas.
6. _____ y _____ son dos síntomas del uso de las drogas.
7. _____ y _____ son dos síntomas de abstinencia.
8. El adicto que está sufriendo de _____ hará cualquier cosa para obtener más drogas.

Ejercicio 7   Match the English word or expression in Column A with its Spanish equivalent in Column B.

A	B
1. pain	a. la ola de criminalidad
2. danger	b. el hogar vigilado
3. crime wave	c. el dolor
4. propensity, proclivity	d. el móvil
5. motive, drive	e. el peligro
6. halfway house	f. la propensión

Ejercicio 8   Complete each statement with the appropriate word(s).
1. No es raro que se tomen drogas para aliviar el _____.
2. Ciertos individuos tienen más _____ al uso de las drogas o a la adicción que otros.
3. Para el drogadicto, las drogas son el _____ de su vida.
4. La _____ que estamos experimentando en nuestras grandes zonas urbanas es un horror.
5. _____ está muy ligada al problema de las drogas.
6. Un gran _____ para la sociedad en general es que el drogadicto recurra a la violencia en su búsqueda de drogas.

COMPRENSION _____

Ejercicio 1   True or false?

1. Existen drogas legales e ilegales.
2. El alcohol y la nicotina son legales a causa de sus efectos dañinos.
3. El uso de drogas «recreativas» es relativamente reciente.
4. Hay poca relación entre el uso de drogas y la tasa de criminalidad.
5. El drogadicto no puede funcionar sin las drogas.
6. El adicto hará cualquier cosa para obtener la droga sin pensar en las consecuencias de sus acciones.
7. Las penalidades para el uso de las drogas son más severas que para la distribución.

Ejercicio 2   Answer.

1. En términos técnicos, ¿qué es una droga?
2. ¿Por qué son peligrosas las drogas psicotrópicas o psicoactivas?
3. ¿Cómo causan un problema las drogas recetadas?
4. ¿Cuáles son las características más notables de la adicción?
5. ¿Qué le obliga hacer al drogadicto la tolerancia?
6. ¿Cuáles son los síntomas de la abstinencia?
7. ¿Qué es la multiadicción?
8. Hoy, ¿cómo se reconoce la adicción a las drogas?
9. ¿Cómo se trata?

Ejercicio 3   Give at least one example of each of the following types of drugs.

1. el estimulante
2. el sedante
3. el narcótico
4. el alucinógeno

Capítulo 19
ALGUNOS PROBLEMAS FAMILIARES

Estructura de la familia

La estructura de la familia ha pasado por unos cambios importantes. La familia en la que el padre trabaja, la madre está en casa con los hijos y quizás también con los abuelos, si no ha desaparecido, es bastante rara hoy en los EE.UU.

En 1965 sólo el 37% de las mujeres trabajaban fuera de casa. Recientemente era el 55%. En 1965 el número promedio de hijos por cada mujer era 3. En años recientes era menos de 2. La edad promedio para casarse por primera vez para las mujeres era de 20,6 años y para los hombres, 22,8; más recientemente era de 23,1 para mujeres y de 25,7 para hombres. En 1965 el promedio de divorcios por cada 1.000 matrimonios era de 2,5%. Ahora es de 4,8%. En 1965 el 10% de los hogares eran de un solo padre (padre o madre). Ahora es más del 24% de los hogares. El 7,7% de los niños nacían de madres no casadas. Recientemente era el 22,1%. En 1965 el 15,0% de la población vivía sola. Más recientemente era el 23,9%.

El trabajo Los empleos tradicionales están en proceso de cambio. El número de mujeres profesionales es cada vez mayor: abogadas, médicas, ejecutivas. Hay mujeres policías, pilotos, obreras. En la Guerra del Golfo Pérsico de 1991 había muchas mujeres militares.

El cuidado de los niños Porque es común que ambos esposos trabajen, el cuidado de los niños menores es una preocupación. Cuando las familias eran más grandes y había en casa tíos o abuelos, el cuidado de los pequeños era fácil. Con la familia nuclear, sí es un problema. Para las familias acomodadas el problema es menos grave; para la clase obrera es bastante grave. Las guarderías infantiles privadas cobran bastante. Algunas empresas privadas subvencionan guarderías para sus empleados, supervisadas por personal capacitado. También las organizaciones comunitarias a veces tienen guarderías que cobran muy poco para cuidar a los hijos de familias de bajo nivel económico. Muchos estados y municipios mandan a trabajadores sociales a las guarderías públicas y privadas para asegurar que las condiciones sean aceptables. Las guarderías infantiles organizadas sólo cuidan a menos del 25% de los niños cuyas madres trabajan.

Problemas psicológicos y sociales Los psicólogos y trabajadores sociales ya no cuestionan si es bueno o malo que trabajen las madres. Lo que importa es que los esposos y los hijos estén contentos con la situación, que las madres no sientan ningún remordimiento por tener que dejar a sus hijos bajo el cuidado de otros, que los padres no se sientan menos hombres porque necesitan el aporte económico de sus esposas y que los hijos no sufran ninguna desventaja[1]. Una de las ramas más importantes en el servicio social es la consejería familiar. Estos consejeros se reúnen con los esposos y los hijos para tratar de resolver los problemas psicológicos, sociales y económicos de la familia.

El divorcio Las tasas de divorcio llegaron a su máximo en 1980 y han estado en descenso desde entonces. La mayoría de los divorcios ocurren durante los primeros dos años después del matrimonio y cuando no hay hijos. El efecto económico es a menudo devastador para las mujeres con hijos que pertenecen a los niveles socioeconómicos más bajos.

Una de las tareas más comunes para los consejeros familiares es trabajar con parejas que están a punto de divorciarse. Casi siempre su intervención tiene lugar demasiado tarde para tener efecto. Frecuentemente la corte les obliga a los esposos que quieren divorciarse a consultar con un consejero familiar. Esta rama de servicio social está creciendo dramáticamente. En 1960 había 200 o 300 consejeros familiares. Hoy son miles. Después de que se divorcian, los esposos pueden afiliarse a una variedad de grupos de personas en la misma situación. Hay grupos sociales, de apoyo mutuo, para subgrupos—personas con hijos, por ejemplo. Casi todos los grupos cuentan con la colaboración de profesionales en campos como la psicología y el trabajo social.

El abuso de los niños El abuso físico y sexual de los niños no es nuevo. Es que hoy ha salido a luz[2] y no se esconde como era costumbre en el pasado. Hay una diferencia entre el abuso y el abandono de los niños. El abuso es el maltrato físico por los padres— golpes, rotura de huesos, quemaduras y el abuso sexual. El abandono es la falta de cuidado apropiado del niño. No se le alimenta, aloja, educa, viste o vigila apropiadamente. El abandono emocional consiste en apartar al niño del cariño de los padres.

El abuso físico es más frecuente entre los pobres, pero esto en parte se debe al sistema de informar a las autoridades. Se le lleva a un niño golpeado al hospital. Si los padres son ricos, se supone que fue un accidente. Si son pobres, se sospecha el abuso. Se calcula que en los EE.UU. cada año, 1,5 millones de niños son víctimas de abuso. El estrés causado por la pérdida del trabajo o el divorcio frecuentemente se relaciona con el abuso de los niños. Los padres abusivos, muy a menudo, han sido niños abusados.

Causas de abuso de los niños R.J. Gelles ("The Social Structure of Child Abuse," *American Journal of Orthopsychiatry* 45, abril de 1975) cita cinco variables sociológicas: (1) la socialización de los padres (modelos abusivos); (2) el status social bajo del abusador; (3) la clase social y factores comunitarios (las normas y los valores respecto a la violencia); (4) el estrés condicional (desempleo, problemas matrimoniales); (5) un incidente motivador (una riña familiar, etc.).

---

[1]*disadvantage*   [2]*it has come out, has come to light*

Las intervenciones Lo más importante es tratar de evitar el abuso antes de que ocurra. En las escuelas, los hospitales y centros comunitarios se ofrecen cursos de orientación a los padres. En los periódicos, la televisión y en otros medios de comunicación hay campañas publicitarias contra el abuso de niños. En muchos estados los padres pueden llamar a un número 800 para ayuda si tienen miedo de abusar de sus hijos. En algunas comunidades hay equipos de especialistas—psicólogos, médicos, asistentes sociales, abogados—que ayudan a las familias o los envían a las agencias apropiadas.

El abuso de esposos y ancianos También los esposos—especialmente las esposas—y los ancianos a menudo son víctimas de abuso. Las causas son similares a las causas del abuso de los niños y los métodos de intervención también se parecen.

ESTUDIO DE PALABRAS

Ejercicio 1   Study the following cognates that appear in this chapter.

el divorcio	el abusado	sexual
la familia	el modelo	abusivo
la organización	la socialización	social
el problema	el status	publicitario
el descenso	la norma	devastador
el matrimonio	la violencia	
la intervención	la campaña	cuestionar
el efecto	el especialista	resolver
la colaboración	el maltrato	obligar
el abuso		divorciarse
el abandono	profesional	consultar
la víctima	comunitario	abusar
el estrés	nuclear	maltratar
el abusador	físico	

Ejercicio 2   Complete each statement with the appropriate word(s).
1. El _____ de los niños es un problema serio en nuestra sociedad.
2. Los padres _____ son los que abusan a sus hijos.
3. Frecuentemente los padres abusivos han sido niños _____, es decir que ellos también eran víctimas del _____.
4. El que abusa es el _____ y el que recibe el _____ es el _____.
5. Si un padre cree que va a _____ de su hijo, puede llamar a un número 800 por ayuda.

Ejercicio 3   Complete each expression with the appropriate word(s).
1. divorce rate   la tasa de _____
2. nuclear family   la _____ nuclear
3. community organization la _____ comunitaria

4. child abuse   el _____ de los niños
                                        (infantil)
5. physical mistreatment   el maltrato _____
6. sexual abuse   el abuso _____
7. professional woman   la mujer _____

Ejercicio 4   Give the word or expression being defined.
1. lo contrario de «en aumento»
2. el estado de estar casados
3. disolver el matrimonio
4. poner en cuestión, dudar
5. capaz de arruinar (ruinoso)
6. al que uno admira o cuyo ejemplo sigue
7. encontrar una solución

Ejercicio 5   Match the English word or expression in Column A with its Spanish equivalent in Column B.

A	**B**
1. home	a. el promedio
2. single-parent home	b. la madre no casada
3. unwed mother	c. la guardería infantil
4. care	d. el hogar
5. working mother	e. el hogar con sólo un padre
6. support	f. el apoyo
7. child-care center	g. el cuidado
8. average	h. la madre que trabaja
9. neglected child	i. el niño abandonado

Ejercicio 6   Complete each statement with the appropriate word(s).
1. El _____ de divorcios es de 4,8% por cada 1.000 personas.
2. El _____ de los niños es una tarea sumamente importante, posiblemente la más importante que hay.
3. La mujer profesional que tiene un hijo es un ejemplo de una _____.
4. Una mujer soltera que tiene un hijo es una _____.
5. En muchas familias el _____ económico de los dos esposos es necesario para poder sostener a la familia.
6. Muchos niños cuyos padres trabajan pasan el día en una _____.
7. El _____ es el que no recibe el cuidado necesario de sus padres.

Ejercicio 7   Match the English word or expression in Column A with its Spanish equivalent in Column B.

A	**B**
1. private enterprise	a. la consejería familiar
2. to subsidize	b. afiliarse
3. to leave	c. el equipo de especialistas

4. remorse
5. family counseling
6. couple
7. to join
8. guidance
9. to avoid
10. argument
11. publicity campaign
12. team of specialists

d. la empresa privada
e. la pareja
f. subvencionar
g. la riña
h. dejar
i. la campaña publicitaria
j. la orientación
k. evitar
l. el remordimiento

Ejercicio 8   Complete each statement with the appropriate word(s).
1. Las _____ familiares frecuentes pueden afectar mucho a los hijos.
2. Es mejor _____ las riñas familiares sobre todo cuando estén presentes los niños.
3. Una _____ es un negocio que tiene uno o más propietarios y con motivo de lucro (ganar dinero).
4. La mujer y el marido son una _____.
5. Se recomienda la _____ a las familias que tienen problemas económicos, psicológicos o personales.
6. El padre o la madre no puede ni debe sentir _____ por tener que _____ a sus hijos para ir a trabajar.
7. Algunas empresas privadas que quieren hacer una contribución a la sociedad decidirán _____ una organización comunitaria.
8. A muchas personas les gusta _____ a un grupo que comparta sus mismos problemas o deseos.

Ejercicio 9   Match the English word or expression in Column A with its Spanish equivalent in Column B.

A	B
1. mistreatment	a. la quemadura
2. blow, punch	b. alimentar
3. bone fracture	c. el maltrato
4. burn	d. el cariño
5. to feed	e. el golpe
6. to clothe	f. alojar
7. to house	g. la rotura de un hueso
8. affection, tenderness	h. vestir

Ejercicio 10   Give the word or expression being defined.
1. el abuso físico, mental o emocional
2. el amor, el afecto, el cuidado
3. proveerle a uno de ropa, indumentaria
4. dar de comer
5. proveer y mantener un lugar donde vivir

6. lo que puede causar un fuego (incendio), un cigarrillo, un fósforo
7. una fractura
8. darle una bofetada

COMPRENSION

Ejercicio 1   True or false?
1. La mayoría de las familias hoy día consisten en un padre que trabaja y una madre que se queda en casa para cuidar de los niños.
2. El número de mujeres en todas las profesiones está aumentando.
3. Una rama importante del servicio social es la consejería familiar.
4. Actualmente la tasa de divorcio está bajando.
5. La mayoría de los divorcios ocurren después de diez años de matrimonio.
6. El abandono emocional es el no darle cariño al niño.
7. No es raro que los padres abusivos hayan sido niños abusados.

Ejercicio 2   Answer.
1. ¿Por qué es el cuidado de los niños menores una preocupación?
2. ¿Qué son las guarderías infantiles?
3. ¿Quiénes tienen guarderías infantiles para cuidar a los hijos de familias de bajo nivel económico?
4. ¿Qué tratan de hacer los consejeros familiares?
5. ¿Para quiénes tiende a ser devastador el divorcio?
6. ¿Por qué no tiene efecto la intervención del consejero familiar con una pareja que está a punto de divorciarse?
7. ¿A qué tipo de grupos pueden afiliarse los esposos después de divorciarse?
8. ¿Cuál es la diferencia entre el abuso y el abandono de los niños?
9. ¿Cuáles son algunos ejemplos del abuso que sufren los niños?
10. ¿Cómo se detecta comúnmente el abuso de los niños entre los pobres?
11. ¿Cuáles son algunos factores que se relacionan con el abuso de los niños?
12. ¿Cómo se puede tratar de evitar el abuso antes de que ocurra?

Capítulo 20
EL SERVICIO SOCIAL
EN LAS AMERICAS

El servicio social como práctica profesional es bastante reciente. Comienza en Norteamérica a principios del siglo XX. A mediados de los años 30 los trabajadores sociales necesitaban título universitario.

Mary Richmond («Caso social individual») formuló la metodología de casos. La metodología de casos es el servicio social directo. Provee la ayuda psicosocial individualizada. El asistente social está en contacto directo con sus clientes. Los visita a menudo. Conoce sus necesidades y les ayuda a satisfacerlas. El servicio social indirecto—el trabajo de grupo y el trabajo comunitario—comienza a tener más importancia en los EE.UU. a partir de la Segunda Guerra Mundial y más tarde en América Latina.

Estados Unidos

La década de los 60 fue escenario de cambios dramáticos en la estructura social del país. El movimiento pro derechos civiles, la Guerra de Vietnam, el movimiento de liberación femenina, todos dan impulso a una reevaluación de valores y normas sociales. El gobierno federal emprende una «guerra contra la pobreza». Los trabajadores sociales, especialmente aquéllos que se dedican a las actividades de reintegración a la sociedad—en las prisiones e instituciones mentales—y centros de juventud dan impulso al trabajo de grupo. El servicio social comunitario enfoca en fines sociopolíticos, en la lucha por la igualdad racial y sexual. Los activistas como Saul Alinsky organizan a los pobres, a los marginados, a los grupos minoritarios para luchar por sus derechos. Los estudiantes que entran en las escuelas de servicio social están motivados por la posibilidad del cambio social. El número de estudiantes minoritarios, hispanos y negros sube dramáticamente.

América Latina

La década de los 60 tiene un impacto dramático en el servicio social en la América Latina también. En 1959 Fidel Castro entra en la Habana. En 1960 el Presidente Kennedy inaugura la Alianza para el Progreso para responder a la revolución cubana. Se trata de reformar las economías sin cambiar las estructuras sociopolíticas. La respuesta es una serie de golpes de estado en Brasil, Bolivia, Uruguay, Argentina y Chile que llevan a gobiernos represivos bajo el mando de los militares.

El resultado, para los profesionales de servicio social, es la necesidad de definir de nuevo su papel. El trabajador social se considera ahora más bien un agente de cambio que un técnico de servicio social. Su papel va a ser activo y no pasivo. No está allí solamente para implementar los programas oficiales. Quiere tomar parte en la elaboración y aplicación de los programas de desarrollo. Una de sus responsabilidades es levantar la conciencia de la población, hacer que la gente comprenda los problemas y que colabore en resolver esos problemas. Los trabajadores sociales tienen como meta mejorar el nivel de vida. Para lograrlo tratan de educar a sus clientes e influir en sus actitudes, individuales y colectivas. Colaboran en el desarrollo e implementación de programas de reforma agraria, educación, salud y vivienda.

El trabajador social en la América Latina tiende a ser mucho más «activista» que su colega norteamericano. Tiene que estudiar y evaluar las teorías, metodologías y modelos conceptuales elaborados en Norteamérica y Europa y determinar hasta qué punto son válidos para la realidad latinoamericana. Se ve obligado a juzgar el efecto de la política económica y social sobre sus clientes y organizarlos para defenderse. Es una tarea sumamente difícil, ya que el campo de actividad del trabajador social se ve delimitado por el organismo que lo emplea y la población bajo su jurisdicción. El trabajador social siempre tiene en mente que su primera obligación es hacia el asistido.

Un fenómeno importante en el área de servicio social en Latinoamérica es la «teología de liberación». Después de la Segunda Guerra Mundial se nota una radicalización del bajo clero católico y algunos prelados. Muchos religiosos se dedican a la transformación social. Toman parte en la reforma agraria, en la protección de disidentes, en movimientos laborales. Se oponen a las dictaduras militares. Luchan por los derechos del pueblo.

ESTUDIO DE PALABRAS

Ejercicio 1   Study the following cognates that appear in this chapter.

la práctica	la reforma	mental
el título	la radicalización	racial
la metodología	el prelado	sexual
el contacto	el asistido	minoritario
el movimiento	la transformación	represivo
la liberación	el disidente	activo
el impulso	el movimiento	pasivo
la reevaluación	la dictadura	agrario
la norma		
la reintegración	profesional	proveer
la institución	universitario	dar impulso
la igualdad	directo	reformar
el activista	comunitario	implementar
el grupo	civil	colaborar
la alianza	militar	resolver
el progreso	femenino	oponer
el agente	social	

Ejercicio 2   Give the word or expression being defined.
1. lo que se hace
2. como se hace
3. el que lucha por una causa
4. corregir, reparar, restaurar
5. encontrar una solución
6. trabajar con alguien para realizar un fin común
7. de la agricultura
8. estar en contra, no favorecer
9. el que está en desacuerdo u oposición
10. el que recibe la ayuda

Ejercicio 3   Complete each expression with the appropriate word(s).
1. professional practice   la práctica _____
2. university degree   el título _____
3. casework   el trabajo de _____
4. group work   el trabajo de _____
5. community work   el _____ comunitario
6. direct contact   el _____ directo
7. civil rights   los derechos _____
8. women's liberation   la _____ femenina
9. social norm   la _____ social
10. reentry into society   la _____ a la sociedad
11. mental institution   la _____ mental
12. minority group   el grupo _____
13. racial equality   la igualdad _____
14. sexual equality   la _____ sexual
15. the Alliance for Progress la _____ para el Progreso
16. an agent of change   el _____ de cambio
17. agrarian reform   la reforma _____
18. labor movement   el _____ laboral
19. military dictatorship   la dictadura _____

Ejercicio 4   Match the English word or expression in Column A with its Spanish equivalent in Column B.

A	B
1. marginal person	a. el desarrollo
2. change	b. los derechos del pueblo
3. war against poverty	c. la meta
4. development	d. el marginado
5. to raise the consciousness	e. el clero
6. standard of living	f. el golpe de estado
7. people's rights	g. el cambio
8. clergy	h. levantar la conciencia

9. liberation theology
10. housing
11. goal
12. command
13. coup d'etat

i. la vivienda
j. el nivel de vida
k. el mando
l. la «guerra contra la pobreza»
m. la teología de liberación

Ejercicio 5 Complete each statement with the appropriate word(s).
1. El _____ es más bajo en los países en vías de desarrollo que en los países industrializados.
2. Los sacerdotes, los monjes, los ministros y los rabinos son miembros del _____.
3. El _____ es una persona que vive al margen de la sociedad.
4. En una dictadura el _____ está en las manos del dictador.
5. Si uno quiere efectuar _____, es necesario levantar _____ del pueblo.
6. El término «_____» se refiere a los programas iniciados por el gobierno para tratar de mejorar las condiciones en que viven los pobres.
7. La _____ es un movimiento que existe en la América Latina apoyado por el clero que se dedica a la transformación social.
8. Los _____ son los derechos que deben tener todos.

Ejercicio 6 Give the word or expression being defined.
1. casa, apartamento u otro lugar en donde vivir
2. las condiciones en que uno vive
3. el gol, el objeto
4. una medida violenta por la que se usurpa la autoridad del Estado
5. la autoridad, el poder
6. el conjunto de religiosos

COMPRENSION

Ejercicio 1 True or false?
1. El servicio social como práctica profesional tiene una larga historia.
2. La metodología de casos es el servicio social indirecto.
3. El papel del trabajador social en la América Latina es un papel activo.
4. El trabajador social es un agente de cambio.
5. El trabajador social en los EE.UU. es más activista que su colega latinoamericano.

Ejercicio 2 Answer.
1. ¿Qué es la metodología de casos?
2. ¿Cómo enfoca el servicio social comunitario en fines sociopolíticos?
3. ¿Qué hacen los activistas?
4. ¿Cuál fue una meta de la Alianza para el Progreso inaugurada por el Presidente Kennedy?

5. ¿Qué se considera el trabajador social sobre todo en la América Latina?
6. ¿Cuál es una responsabilidad del trabajador social?
7. ¿Qué significa «levantar la conciencia»?
8. ¿Cuál es siempre la primera obligación del trabajador social?

Ejercicio 3   Follow the directions.
1. Prepare una lista de algunos de los fenómenos sociales de los años 60.
2. Prepare una lista de algunas de las metas de los que apoyan «la teología de liberación».

ANSWERS TO VOCABULARY EXERCISES

SOCIOLOGIA

Capitulo 1: ¿Qué es la sociología?

Ejercicio 2
1. sociales   2. estudio   3. sistemático   4. social   5. miembro   6. estructura
7. étnico   8. socioeconómico   9. social   10. institución   11. sociológicas
12. social   13. grupo   14. negociaciones   15. gubernamental   16. clase
17. humano   18. efecto   19. técnicas   20. científico   21. sociológico
22. control   23. grupo   24. representativos

Ejercicio 3
1. b   2. c   3. a   4. c   5. b   6. b   7. a   8. a

Ejercicio 4
1. d   2. f   3. h   4. b   5. e   6. i   7. k   8. l   9. g   10. c   11. j   12. a
13. m

Ejercicio 5
1. b   2. d   3. a   4. f   5. g   6. c   7. h   8. e

Ejercicio 6
1. d   2. e   3. g   4. i   5. l   6. a   7. c   8. b   9. o   10. k   11. m   12. f
13. n   14. j   15. h

Ejercicio 7
1. barrios   2. vecinos   3. pertenecen   4. creencias   5. valores   6. costumbres
7. ser   8. nivel, nivel   9. datos   10. datos   11. encuesta   12. entrevistas
13. respuestas   14. muestra al (por) azar

Ejercicio 8
1. d   2. f   3. a   4. b   5. h   6. e   7. g   8. c

Ejercicio 9
1. vida diaria   2. partidos políticos   3. política   4. desacuerdo, contienda
5. predecir, pronósticos   6. fuerza laboral

Capitulo 2: Cultura y socialización

Ejercicio 2
1. legal   2. cultural   3. transición   4. control   5. auto   6. socialización
7. comunicación   8. comunicación   9. social   10. grupo   11. común
12. situaciones   13. adulta   14. cultural   15. intelectuales   16. académico
17. estilo

Ejercicio 3
1. c   2. e   3. h   4. a   5. g   6. i   7. m   8. k   9. l   10. n   11. f   12. o
13. j   14. d   15. b

Ejercicio 4
1. las costumbres   2. la tradición   3. la industria   4. la sociedad
5. la conformidad   6. la responsabilidad   7. el etnocentrismo   8. la personalidad
9. la agresividad

Ejercicio 5
1. a   2. c   3. b   4. c   5. a   6. b   7. c   8. a

Ejercicio 6
1. independiente   2. abstracto   3. aceptable   4. normal   5. general   6. similar
7. informal   8. superior   9. homogéneo

Ejercicio 7
la infancia, la niñez, la adolescencia, la madurez, la vejez

Ejercicio 8
1. c   2. f   3. g   4. i   5. l   6. k   7. n   8. o   9. a   10. e   11. b   12. p
13. h   14. j   15. d   16. m   17. q

Ejercicio 9
1. comportamiento, comportamiento; comportamiento, comportamiento   2. creencias
3. heredamos   4. valores   5. apropiada   6. leyes   7. ambiente   8. hogar
9. comparten   10. reglas   11. comportan   12. desarrollar   13. a tiempo completo

Ejercicio 10
1. d   2. g   3. h   4. j   5. k   6. n   7. e   8. m   9. l   10. a   11. i   12. b
13. f   14. c   15. o

Ejercicio 11
1. la indumentaria   2. el idioma (la lengua)   3. la prensa   4. el juego
5. la tertulia   6. el símbolo   7. el prejuicio   8. el mensaje   9. el entierro
10. la palabra malsonante   11. la mayoría   12. la boda   13. la competencia

Capitulo 3: Estructura social—status y rol, grupos e instituciones sociales

Ejercicio 2
1. tribal   2. nacional   3. educativo   4. religioso   5. íntimo   6. total
7. persistente   8. estable   9. político   10. familiar

Ejercicio 3
1. d   2. f   3. g   4. i   5. b   6. j   7. e   8. a   9. c   10. h

Ejercicio 4
1. social   2. establecido   3. total   4. posición   5. adquirido   6. status
7. posición   8. rol   9. serie   10. roles   11. miembro   12. grupo   13. común
14. característica   15. intermedio   16. social   17. social   18. sociales
19. referencia   20. distribución, servicios   21. orden   22. sentido

Ejercicio 5
1. c   2. d   3. i   4. h   5. j   6. m   7. a   8. e   9. l   10. n   11. b   12. g
13. f   14. k

Ejercicio 6
1. íntimos   2. estrés, tensión   3. persistente   4. incapacitado   5. gama   6. común
7. consumidor   8. vaga   9. ambigüedad   10. mantenimiento

Ejercicio 7
1. o   2. n   3. m   4. l   5. k   6. j   7. i   8. h   9. g   10. f   11. e   12. d
13. c   14. b   15. a

Ejercicio 8
1. entendimiento (acuerdo)   2. acuerdo   3. meta   4. a diario   5. afuera
6. patrones   7. esfuerzo   8. compartir   9. apropiado   10. conocido, conocido
11. competencia   12. red

Ejercicio 9
1. d   2. f   3. i   4. l   5. a   6. n   7. b   8. e   9. j   10. o   11. g   12. c
13. k   14. h   15. m

Ejercicio 10
1. imponer   2. los bienes   3. proveer   4. pertenecer   5. la distribución
6. el propósito   7. la manutención   8. manifiesto   9. el vínculo   10. la búsqueda
11. sobrevivir   12. la raza   13. el peligro

Capítulo 4: Control social / Desviación / Crimen

Ejercicio 2
1. d   2. e   3. g   4. i   5. k   6. a   7. m   8. u   9. f   10. p   11. j   12. b
13. s   14. l   15. c   16. n   17. t   18. o   19. h   20. q   21. r

Ejercicio 3
1. social   2. agente   3. infracción   4. delincuente   5. juvenil   6. estables
7. conducta   8. moral   9. período   10. económica   11. asociación   12. conducta
13. primaria   14. desviación   15. sistema   16. penal   17. código
18. profesional   19. crimen   20. violento   21. víctima   22. uso   23. municipal
24. gobierno   25. federal   26. federal   27. local   28. población   29. emergencia
30. control   31. adulto

Ejercicio 4
1. b   2. a   3. c   4. c   5. a   6. b   7. a   8. b   9. a   10. c   11. b

Ejercicio 5
1. reorganizar   2. rehabilitar   3. arrestar   4. condenar   5. procesar
6. conformarse

Ejercicio 6
1. la conducta   2. implícito   3. el adolescente   4. lo ridículo   5. la conformidad
6. la obediencia   7. la infracción   8. grave   9. el ostracismo   10. conformista
11. estable   12. la banda   13. violar   14. la depresión   15. el robo
16. el vehículo (motorizado)   17. el homicidio   18. el convicto   19. la culpabilidad

Ejercicio 7
1. f   2. g   3. e   4. j   5. l   6. m   7. a   8. c   9. p   10. o   11. h   12. i
13. b   14. d   15. q   16. k   17. n

Ejercicio 8
1. la ley   2. la regla   3. el reglamento   4. la pena   5. la ubicación   6. el delito
7. obedecer   8. la desviación

Ejercicio 9
1. mirada   2. leyes   3. obedece   4. someterse   5. encarcelamiento   6. propósito
7. despido   8. tasa, aumento

Ejercicio 10
1. c   2. e   3. s   4. i   5. l   6. f   7. n   8. p   9. r   10. t   11. a   12. g
13. v   14. j   15. w   16. x   17. h   18. k   19. b   20. d   21. o   22. u   23. q
24. m

Ejercicio 11
1. exposición   2. apartarse   3. señales   4. escalamiento   5. hurto (latrocinio)
6. apoyar   7. la violación (sexual)   8. juegos de azar   9. culpable   10. cortes
11. juez   12. abogado   13. testigo   14. cárcel   15. interrogatorio   16. castigar
17. amenazar

Capítulo 5: Roles sexuales / Matrimonio y familia

Ejercicio 2
1. roles   2. orientación   3. biológicos   4. padres   5. subordinada
6. industrializados   7. sociedad   8. sistema   9. familia   10. familia
11. patriarcal   12. sociedad   13. económico

Ejercicio 3
1. matrimonial   2. paterno   3. materno   4. familiar   5. biológico   6. procreador
7. emocional   8. industrial   9. psicológico   10. heterosexual   11. homosexual
12. médico   13. político   14. económico   15. conyugal   16. marginal
17. educativo

Ejercicio 4
1. l   2. g   3. j   4. a   5. b   6. n   7. d   8. p   9. q   10. f   11. e   12. o
13. i   14. m   15. r   16. h   17. k   18. c

Ejercicio 5
1. e   2. f   3. i   4. b   5. g   6. j   7. d   8. c   9. h   10. a

Ejercicio 6
1. tarea   2. sostén   3. rasgos   4. varón, hembra   5. logros   6. vínculos (lazos)
7. sangre   8. afecto   9. comodidad

Ejercicio 7

1. d   2. f   3. j   4. l   5. i   6. a   7. e   8. h   9. k   10. b   11. c   12. m
13. g   14. n

Ejercicio 8

1. el marido   2. la mujer   3. la pareja   4. la fuerza laboral   5. heredar
6. los parientes   7. la crianza   8. el deber   9. cuidar   10. ligar   11. el anciano
12. dar a luz

CAPITULO 6: Estratificación social / Movilidad social

Ejercicio 2

1. estratificación   2. social   3. social   4. social, político   5. distribución
6. clase   7. realidad   8. sistema   9. impedimento   10. status   11. sociedad
12. sector   13. privado   14. educación   15. actividades   16. actividades
17. vertical   18. movilidad   19. movilidad   20. roles   21. clase

Ejercicio 3

1. la comunidad   2. la profesión   3. la artesanía   4. la raza   5. la educación
6. la agricultura   7. la industria   8. la residencia   9. la etnicidad

Ejercicio 4

1. d   2. f   3. h   4. i   5. a   6. e   7. j   8. c   9. g   10. b

Ejercicio 5

1. la realidad   2. la distribución   3. la aspiración   4. comunitario   5. el terreno
6. la residencia   7. la profesión   8. situarse   9. la consecuencia   10. la reputación
11. la comunidad   12. la actividad   13. participar   14. el futuro

Ejercicio 6

1. e   2. f   3. a   4. b   5. i   6. h   7. k   8. m   9. n   10. g   11. j   12. c
13. l   14. d

Ejercicio 7

1. adyacente   2. desigualdades   3. esclavitud, desigualdad, esclavo   4. intocables
5. patrimonio   6. ingreso   7. poder   8. manumisión

Ejercicio 8

1. casarse   2. el ingreso   3. el campesino   4. los bienes   5. arrendar
6. la manumisión   7. el esclavo   8. el patrimonio

Ejercicio 9

1. d   2. f   3. b   4. a   5. h   6. j   7. i   8. g   9. e   10. c

Ejercicio 10

1. el ahorro   2. el administrador   3. el trabajador calificado
4. el trabajador no calificado   5. la fuerza laboral   6. el desempleado
7. la empresa   8. el gerente de nivel intermedio   9. la asistencia social
10. el trabajador de «cuello blanco»

Ejercicio 11

1. c   2. e   3. g   4. i   5. j   6. a   7. d   8. h   9. b   10. f

Ejercicio 12
1. promedio 2. analfabeto, analfabetos , 3. sacerdote 4. clero
5. promedio de vida, salud 6. poder y riqueza 7. comunes 8. mercader

CAPITULO 7: Población y ecología / Comunidades

Ejercicio 2
1. d 2. f 3. h 4. i 5. l 6. b 7. e 8. p 9. o 10. c 11. m 12. a
13. n 14. q 15. r 16. g 17. j 18. k

Ejercicio 3
1. sociológicos 2. reproductiva 3. residencia 4. permanente 5. composición
6. grupo 7. factores 8. mortalidad 9. migración 10. migración
11. producción 12. excesivo 13. demográfica 14. modernización
15. poblacional 16. tecnológicos 17. adelantos 18. natural 19. humana
20. pública 21. aire 22. sustancias 23. ácida 24. radiactivos 25. naturales
26. tropical 27. área 28. técnicas 29. urbana 30. centro

Ejercicio 4
1. demografía 2. migración 3. ecología 4. ecosistema 5. fertilidad, fecundidad
6. población 7. residencia 8. agricultura 9. clima 10. el traslado

Ejercicio 5
1. d 2. g 3. b 4. e 5. c 6. j 7. h 8. m 9. k 10. f 11. n 12. i
13. a 14. l

Ejercicio 6
1. e 2. h 3. j 4. a 5. i 6. l 7. d 8. c 9. k 10. b 11. f 12. g

Ejercicio 7
1. el promedio 2. el estado civil 3. las rentas 4. el promedio de vida
5. la tasa de natalidad 6. la fuente de alimentos 7. el tamaño 8. el traslado
9. crecer

Ejercicio 8
1. d 2. f 3. h 4. a 5. j 6. l 7. n 8. b 9. g 10. m 11. k 12. c
13. i 14. e

Ejercicio 9
1. de comer 2. hambre 3. quema 4. medio ambiente 5. dañinos
6. ácida, nociva 7. adelantos, adelantos 8. desechos 9. subdesarrollado
10. guerra 11. abastecimiento 12. ponen en peligro

Ejercicio 10
1. c 2. d 3. h 4. j 5. b 6. k 7. l 8. e 9. g 10. f 11. i 12. a

Ejercicio 11
1. puentes y caminos 2. mano de obra 3. fabricación 4. superávit 5. desechos
6. alcantarillado 7. duraderos 8. yermas

Ejercicio 12
1. trocar 2. el desecho 3. el conocimiento 4. la fabricación 5. el superávit
6. yermo 7. despilfarrar

Capitulo 8: El individuo y la personalidad / La interacción social

Ejercicio 2

1. genes   2. órganos   3. percepción   4. miembros   5. modelo   6. consciente
7. expectación   8. símbolo

Ejercicio 3

1. c   2. e   3. b   4. g   5. i   6. d   7. a   8. j   9. f   10. h

Ejercicio 4

1. d   2. f   3. g   4. b   5. a   6. i   7. j   8. e   9. h   10. c

Ejercicio 5

1. predecir   2. predisponer   3. nace   4. el «sí mismo»   5. hacer el papel
6. punto de vista   7. desempeñar   8. llevar a cabo

Ejercicio 6

1. c   2. e   3. a   4. g   5. f   6. d   7. b

Ejercicio 7

1. sentidos   2. medio físico   3. ambientales   4. piel   5. rasgos faciales
6. tamaño físico   7. herencia

Capitulo 9: Comportamiento colectivo / Movimientos sociales / Organizaciones formales

Ejercicio 2

1. el estilo   2. la manifestación   3. susceptible   4. impedir   5. el desastre
6. la ansiedad   7. la hostilidad   8. catalizador   9. ambiguo   10. el sufragio
11. estimular   12. la disciplina   13. destructivo   14. la ideología

Ejercicio 3

1. c   2. l   3. k   4. f   5. a   6. j   7. g   8. d   9. e   10. b   11. i   12. h

Ejercicio 4

1. espontánea   2. manifestación   3. movimiento   4. público   5. norma
6. volátil   7. control   8. falso   9. generalizada   10. violentos   11. acto
12. sistema   13. feminista   14. armadas   15. regulatorias   16. estatal
17. compensación   18. defectos

Ejercicio 5

1. d   2. e   3. a   4. b   5. g   6. f   7. h   8. j   9. c   10. i

Ejercicio 6

1. masa (colectividad)   2. muchedumbre (turba)   3. asonada   4. vida cotidiana
5. saqueo   6. motín   7. preocupación   8. resultado

Ejercicio 7

1. e   2. f   3. i   4. k   5. a   6. b   7. n   8. m   9. g   10. c   11. h   12. l
13. d   14. j

Ejercicio 8

1. el delito   2. delictivo   3. el minusválido   4. la meta   5. la quiebra
6. ser propenso   7. el sindicato   8. sin juicio   9. tener peso   10. reprimir
11. estallar   12. la matanza   13. el empleo

Capitulo 10: Política y gobierno / Cambios sociales

Ejercicio 2
1. exclusivo   2. orden   3. mantener   4. relaciones   5. comunicación
6. autoridad   7. constitucionales   8. privada   9. propiedad   10. público
11. impacto   12. resistencia

Ejercicio 3
1. democrático   2. comunista   3. socialista   4. capitalista   5. fascista
6. económico   7. político   8. legítimo   9. autoritario   10. totalitario
11. carismático   12. constitucional

Ejercicio 4
1. e   2. g   3. i   4. l   5. k   6. h   7. c   8. d   9. j   10. f   11. a   12. b
13. m   14. n

Ejercicio 5
1. la disputa   2. resistir   3. la persuasión   4. el líder   5. el poseedor
6. la infalibilidad   7. el concepto   8. el automóvil   9. la innovación
10. el suburbio   11. el componente

Ejercicio 6
1. b   2. m   3. h   4. a   5. e   6. j   7. l   8. f   9. c   10. d   11. i   12. g
13. k   14. n

Ejercicio 7
1. poder   2. fuerza   3. pronunciar juicios   4. siervos del pueblo   5. leyes
6. manda   7. jefe de Estado, jefe de Estado   8. ciudades-estados, naciones-estados
9. creados   10. voluntad   11. consentimiento del pueblo

Ejercicio 8
1. d   2. c   3. h   4. k   5. a   6. b   7. m   8. n   9. l   10. e   11. f   12. i
13. g   14. j

Ejercicio 9
1. e   2. a   3. f   4. d   5. c   6. b

Ejercicio 10
1. escasez   2. nivel   3. fabril   4. nivel   5. superpoblación
6. beneficiar, perjudicar   7. rentas   8. decaimiento   9. desempleo
10. informática

SERVICIOS SOCIALES

Capitulo 11: Introducción

Ejercicio 2
1. defecto   2. mental   3. física   4. enfermedad   5. adicción   6. servicios
7. social   8. trabajo   9. social   10. medicina   11. personal   12. tratamiento
13. programa   14. rehabilitación   15. abuso   16. problemas   17. caso
18. grupo   19. comunidad   20. juvenil   21. agencia   22. organizaciones

Ejercicio 3
1. la crisis   2. el crimen   3. el alcoholismo   4. la adicción a las drogas
5. el voluntario   6. el hospital   7. el alcohólico   8. el drogadicto
9. la rehabilitación   10. el estrés   11. municipal   12. la víctima   13. facilitar
14. el tratamiento   15. analizar   16. resolver

Ejercicio 4
1. drogas   2. alcoholismo   3. intervenir   4. enfermedad   5. hospital   6. cárcel
7. fondos   8. municipales, estatales

Ejercicio 5
1. e   2. g   3. i   4. b   5. j   6. k   7. h   8. f   9. c   10. d   11. l   12. a

Ejercicio 6
1. huérfano   2. obras de caridad   3. indefenso   4. anciano   5. necesitado
6. desafortunado   7. cuidar   8. muerte   9. ayuda

Ejercicio 7
1. el enfermo   2. el necesitado   3. la muerte   4. la ayuda   5. el anciano

Ejercicio 8
1. m   2. f   3. a   4. h   5. c   6. d   7. j   8. i   9. k   10. l   11. e   12. g
13. b

Ejercicio 9
1. adelantos   2. retiro, ancianos   3. asilo, locos   4. guarderías infantiles
5. impuestos   6. adelantos   7. hogar para ancianos   8. alojamiento
9. Seguro Social, ingreso

Ejercicio 10
1. c   2. e   3. g   4. d   5. h   6. i   7. b   8. a   9. f

Ejercicio 11
1. el orfanato   2. las cortes   3. aconsejar   4. los quehaceres domésticos
5. el pleito   6. el desempleado   7. la autoayuda   8. el analfabetismo
9. el desamparado

CAPITULO 12: Algunas especialidades en el servicio social

Ejercicio 2
1. abuso   2. departamento, Protección   3. protección   4. custodia, estado
5. psicológica   6. médico   7. abrupto   8. académico   9. antisocial
10. distrito, urbano

Ejercicio 3
1. circunstancia(s), condición(es), investigar; tratamiento, programa
2. cooperar, colaborar   3. causa, resolver   4. desinterés, descenso abrupto, académico
5. específica, resolver, reintegrarse

Ejercicio 4
1. c   2. e   3. a   4. f   5. h   6. d   7. g   8. j   9. b   10. i

Ejercicio 5
1. periódicamente   2. investigar   3. colaborar   4. resolver   5. cooperar
6. requerir

Ejercicio 6
1. d   2. f   3. e   4. l   5. i   6. j   7. c   8. b   9. k   10. g   11. h   12. a

Ejercicio 7
1. l   2. k   3. j   4. i   5. h   6. g   7. f   8. e   9. d   10. c   11. b   12. a

Ejercicio 8
1. docentes   2. enseñanza   3. rendimiento académico   4. menor de edad
5. bienestar   6. consulta   7. no casadas   8. atraso mental   9. ramas   10. condado
11. informes   12. cuidar de

Ejercicio 9
1. d   2. f   3. g   4. j   5. c   6. h   7. k   8. i   9. e   10. l   11. b   12. a   13. m

Ejercicio 10
1. hogar   2. hogar, ubicar   3. confianza   4. falta a clase   5. seguros
6. conseguir   7. consejero familiar   8. consulta   9. radican   10. el papeleo

Capitulo 13: Otras especialidades—caso y grupo

Ejercicio 2
1. pública   2. público   3. social   4. dependientes   5. compañía   6. sentencia
7. grupo   8. criminal   9. física, mental   10. centro   11. rehabilitación
12. ocupacional

Ejercicio 3
1. c   2. e   3. g   4. a   5. d   6. j   7. f   8. i   9. b   10. h

Ejercicio 4
1. k   2. b   3. a   4. d   5. e   6. h   7. c   8. l   9. f   10. i   11. j   12. g

Ejercicio 5
1. la ayuda financiera   2. el patrono   3. verificar   4. llenar el formulario
5. el cupón alimenticio   6. los beneficios   7. entrevistar   8. el presupuesto
9. aprobar   10. evitar

Ejercicio 6
1. e   2. d   3. g   4. h   5. j   6. a   7. m   8. k   9. b   10. f   11. l   12. c
13. i

Ejercicio 7
1. mujer golpeada   2. queja   3. destrezas   4. libertad bajo palabra
5. libertad probatoria   6. juez, peligro   7. encarcelamiento   8. centro, entrenamiento
9. consejero vocacional   10. desacuerdo

Capitulo 14: Servicio social comunitario / Preparación profesional

Ejercicio 2
1. servicio social   2. existentes   3. líder   4. discriminación   5. oportunidades
6. privada   7. universitario   8. social   9. administrativa   10. centro
11. organización

Ejercicio 3

1. resolver   2. la asistencia   3. el menor   4. el análisis   5. el líder
6. la reducción   7. el incremento   8. la eliminación

Ejercicio 4

1. f   2. e   3. d   4. c   5. b   6. a   7. g   8. l   9. k   10. j   11. i   12. h

Ejercicio 5

1. salud   2. consumo   3. limpieza   4. tiempo completo   5. consejero matrimonial
6. sugerir   7. recreo   8. entrevistar   9. bienestar   10. auxiliar médico-doméstico

Ejercicio 6

1. j   2. a   3. b   4. g   5. f   6. i   7. c   8. e   9. d   10. h

Ejercicio 7

1. junta   2. fuente   3. búsqueda   4. apoyo   5. recauda   6. propuesta

Ejercicio 8

1. el fomento   2. la subvención   3. el apoyo   4. la propuesta   5. el proyecto

CAPITULO 15: Problemas sociales—la pobreza

Ejercicio 2

1. subsistencia   2. zona   3. migratorio   4. temporal   5. minoritario
6. obligatorio   7. educación pública   8. oportunidades   9. comunitario
10. económica

Ejercicio 3

1. lo obvio   2. la discriminación   3. la desproporción   4. perpetuo   5. crónico
6. la necesidad   7. la higiene   8. la recesión   9. la correlación   10. mantener

Ejercicio 4

1. b   2. d   3. e   4. g   5. f   6. a   7. c

Ejercicio 5

1. c   2. d   3. g   4. h   5. j   6. e   7. f   8. a   9. b   10. i

Ejercicio 6

1. la cabeza de familia, la cabeza de familia   2. desigualdades   3. umbral de pobreza
4. desamparado (una persona sin hogar)   5. los bienes, servicios   6. ingreso medio
7. pobreza   8. riqueza

Ejercicio 7

1. e   2. f   3. a   4. b   5. h   6. c   7. k   8. l   9. i   10. g   11. d   12. j

Ejercicio 8

1. impuestos; sistema de contribuciones   2. obrera, acomodada   3. producto de lujo
4. huelga   5. manifestaciones, violentas   6. preescolar   7. rendimiento académico
8. tasa de abandono de la escuela   9. presionar   10. anticonceptivos

CAPITULO 16: Problemas sociales—la delincuencia juvenil

Ejercicio 2

1. delincuente   2. ofensor   3. juvenil   4. minoritario   5. densidad   6. crimen
7. judicial   8. imagen   9. infracción   10. probatoria   11. servicio   12. problema

Ejercicio 3
1. c   2. d   3. h   4. a   5. e   6. g   7. b   8. f

Ejercicio 4
1. resolver   2. recurrir   3. arrestar   4. cometer   5. violar   6. robar

Ejercicio 5
1. b   2. e   3. f   4. h   5. a   6. d   7. c   8. i   9. g

Ejercicio 6
1. el perjudicado   2. la audiencia   3. en confianza   4. el proceso
5. el pago de daños   6. la corte   7. el delito mayor   8. el juez   9. el abogado

Ejercicio 7
1. d   2. e   3. h   4. a   5. b   6. i   7. f   8. c   9. g

Ejercicio 8
1. menor de edad   2. mayores de edad   3. en apuros   4. inadaptado   5. detener
6. varones   7. propiedad ajena   8. comportarse

Capitulo 17: La adicción—el alcoholismo

Ejercicio 2
1. normal   2. dependencia, alcohol   3. control   4. ilícita   5. alcohólicas
6. mínima   7. grupo   8. drogas   9. adicta   10. Alcohólicos

Ejercicio 3
1. las drogas   2. el alcohol (bebidas alcohólicas)   3. legal   4. ilegal (ilícito)
5. la ambivalencia   6. normal   7. anormal   8. prohibir   9. la dependencia
10. el tratamiento

Ejercicio 4
1. n   2. m   3. l   4. k   5. j   6. i   7. h   8. g   9. f   10. e   11. d   12. c
13. b   14. a

Ejercicio 5
1. seguros médicos   2. emborracharse   3. borracho   4. empleo
5. publicidad (propaganda)   6. efectos dañinos   7. envuelve   8. envuelve
9. enfermedad   10. consumo   11. móvil

Capitulo 18: La adicción—las drogas

Ejercicio 2
1. sustancia   2. percepción   3. estado

Ejercicio 3   *(Answers will vary.)*

Ejercicio 4
1. La distribución   2. tolerancia   3. alterar   4. enormes consecuencias
5. intervención   6. nicotina   7. El organismo

Ejercicio 5
1. c   2. f   3. g   4. a   5. i   6. h   7. e   8. j   9. d   10. b

Ejercicio 6
1. drogas recetadas   2. narcotráfico   3. narcotraficante   4. multiadicción
5. drogadicto   6. La tolerancia, los síntomas de abstinencia
7. Los escalofríos, los temblores (la nariz que moquea, los ojos llorosos)
8. los síntomas de abstinencia

Ejercicio 7
1. c   2. e   3. a   4. f   5. d   6. b

Ejercicio 8
1. dolor   2. propensión   3. móvil   4. ola de criminalidad
5. La violencia (criminalidad)   6. peligro

CAPITULO 19: Algunos problemas familiares

Ejercicio 2
1. abuso   2. abusivos   3. abusados, abuso   4. abusador, abuso, abusado   5. abusar

Ejercicio 3
1. divorcio   2. familia   3. organización   4. abuso   5. físico   6. sexual
7. profesional

Ejercicio 4
1. en descenso   2. el matrimonio   3. divorciarse   4. cuestionar   5. devastador
6. el modelo   7. resolver

Ejercicio 5
1. d   2. e   3. b   4. g   5. h   6. f   7. c   8. a   9. i

Ejercicio 6
1. promedio   2. cuidado   3. madre que trabaja   4. madre no casada   5. apoyo
6. guardería infantil   7. el niño abandonado

Ejercicio 7
1. d   2. f   3. h   4. l   5. a   6. e   7. b   8. j   9. k   10. g   11. i   12. c

Ejercicio 8
1. riñas   2. evitar   3. empresa privada   4. pareja   5. consejería familiar
6. remordimiento, dejar   7. subvencionar   8. afiliarse

Ejercicio 9
1. c   2. e   3. g   4. a   5. b   6. h   7. f   8. d

Ejercicio 10
1. el maltrato   2. el cariño   3. vestir   4. alimentar   5. alojar   6. la quemadura
7. la rotura de un hueso   8. golpear

CAPITULO 20: El servicio social en las Américas

Ejercicio 2
1. la práctica   2. la metodología   3. el activista   4. reformar   5. resolver
6. colaborar   7. agrario   8. oponer   9. el disidente   10. el asistido

Ejercicio 3
1. profesional   2. universitario   3. caso   4. grupo   5. trabajo   6. contacto
7. civiles   8. liberación   9. norma   10. reintegración   11. institución
12. minoritario   13. racial   14. igualdad   15. Alianza   16. agente   17. agraria
18. movimiento   19. militar

Ejercicio 4
1. d   2. g   3. l   4. a   5. h   6. j   7. b   8. e   9. m   10. i   11. c   12. k
13. f

Ejercicio 5
1. nivel de vida   2. clero   3. marginado   4. mando   5. el cambio, la conciencia
6. guerra contra la pobreza   7. teología de liberación   8. derechos del pueblo

Ejercicio 6
1. la vivienda   2. el nivel de vida   3. la meta   4. el golpe de estado   5. el mando
6. el clero

SPANISH-ENGLISH VOCABULARY

A

a diario daily
a escondidas secretly
a tiempo completo full-time
a tiempo parcial part-time
abandonado abandoned, neglected
abandonar to abandon, neglect
abandono *m* abandonment, neglect
abarcar to encompass
abastecimiento *m* replenishment, supply
abogado *m* lawyer
abrupto abrupt
abstinencia *f* abstinence
abstracto abstract
abundante abundant
abusado *m* abused
abusador *m* abuser
abusar to abuse
abusivo abusive
abuso *m* abuse
abuso de los niños *m* child abuse
abuso sexual *m* sexual abuse
académico academic
accidente *m* accident
acción *f* action
aceptable acceptable
aceptar to accept
ácido acid
aconsejar to advise
actitud *f* attitude
actividad *f* activity
actividades comunitarias *f pl*
   community activities
actividades políticas *f pl* political
   activities
activista *m* or *f* activist
activo active
acto *m* act
acto destructivo *m* destructive act
acto violento *m* violent act

actor *m* actor
actriz *f* actress
actuar to act
acuerdo *m* agreement
acusado *m* accused
acusar to accuse
adaptación *f* adaptation
adaptar to adapt
adelanto *m* advance, advancement
adelantos médicos *m pl* medical
   advances
adelantos tecnológicos *m pl*
   technological advances
ademán *m* gesture
adentro within
adepto *m* follower, believer, supporter
adhesión *f* attachment, bond
adicción *f* addiction
adicción a las drogas *f* drug addiction
adicto addicted
administrador *m* manager
administrativo administrative
adolescencia *f* adolescence
adolescente adolescent
adolescente *m* or *f* adolescent
adopción *f* adoption
adoptar to adopt
adoptivo adoptive
adquirido acquired
adscrito assigned
adulto *m* adult
adversario *m* adversary
adyacente underlying
afectar to affect
afecto *m* affection
afiliarse to join
afinidad *f* affinity
afuera outside
agencia *f* agency
agencia de adopción *f* adoption agency

agencia regulatoria *f* regulatory agency
agente *m* or *f* agent
agente de cambio *m* or *f* agent of change
agentes de socialización *m* or *f pl*
   socialization agents
agrario agrarian
agresividad *f* aggressiveness
agresivo aggressive
agrícola agricultural
agricultura *f* agriculture
agrupar to group
ahorro *m* saving
ajeno belonging to another
ajuste *m* adjustment
alcantarillado *m* sewer system
alcohol *m* alcohol
alcohólico alcoholic
Alcohólicos Anónimos *m pl* Alcoholics
   Anonymous
alcoholismo *m* alcoholism
alejamiento *m* estrangement
alianza *f* alliance
Alianza para el Progreso *f* Alliance for
   Progress
alimentar to feed
aliviar to alleviate
alojamiento *m* lodging
alojar to house
alterar to alter
alternativa *f* alternative
alucinógeno *m* hallucinogen
ambicioso ambitious
ambiental environmental
ambiente *m* background, environment
ambiente académico *m* academic
   environment (milieu)
ambiente cultural *m* cultural milieu
ambigüedad *f* ambiguity
ambiguo ambiguous
ambivalencia *f* ambivalence
amenazar to threaten
amor *m* love
analfabetismo *m* illiteracy
analfabeto illiterate
análisis *m* analysis
analizar to analyze
anciano *m* old person, aged person
anexión *f* annexation
anfetamina *f* amphetamine

anormal abnormal
anotar to annotate, write down
ansiedad *f* anxiety
antecedente *m* antecedent, background
antecedente estable *m* stable background
antecedentes *m pl* background; record
anticonceptivo *m* contraceptive
antisocial antisocial
antropólogo *m* anthropologist
anual annual
aparecer to appear
apartarse to separate oneself
aporte *m* contribution
apoyar to support
apoyo *m* support
aprender to learn
aprendizaje *m* learning
aprobar to approve
apropiado appropriate
arbitrario arbitrary
área *f* area
área geográfica *f* geographical area
armado armed
arrendar to rent, lease
arrestado *m* arrested
arrestar to arrest
arresto *m* arrest
arruinar to ruin
artesanía *f* craftsmanship, crafts
artesano *m* artisan
artificio *m* ingenuity, skill
asaltar to attack, assault
asalto *m* attack, assault
ascendencia *f* ancestry, ascendancy
ascendente ascending
aseo *m* cleanliness, hygiene
asignar to assign
asilio *m* asylum
asistencia *f* assistance
asistencia pública *f* public assistance
asistencia social *f* welfare, social
   assistance
asistente *m* or *f* assistant
asistente aprobado *m* certified social
   worker
asistente de admisión *m* or *f* intake
   worker
asistente social *m* or *f* social worker
asistido *m* one who receives assistance

asociación *f*   association
asociación diferencial *f*   differential association
asonada *f*   protest demonstration
aspecto *m*   aspect
aspiración *f*   aspiration
atleta *m* or *f*   athlete
atmósfera *f*   atmosphere
atraso mental *m*   mental retardation
atributo *m*   attribute
audiencia *f*   hearing
aumentar   to increase
aumento *m*   increase
auspicio *m*   auspices
autoayuda *f*   self-help
autocontrol *m*   self-control
autoimagen *f*   self-image
automóvil *m*   car, automobile
autoridad *f*   authority
autoridad legítima *f*   legitimate authority
autoritario   authoritarian
autosubsistencia *f*   self-subsistence
autosuficiencia *f*   self-sufficiency
auxiliar médico-doméstico *m*   home-care helper (worker)
avance *m*   advance
avanzar   to advance
ayuda *f*   help, assistance
ayuda financiera *f*   financial help
ayuda psicológica *f*   psychological help
ayudar   to help

B

bajo la custodia del estado   under the custody of the state
bajo la protección de la corte   under court protection
bajo palabra   parole
banda *f*   gang
banquete *m*   banquet
barbitúricos *m pl*   barbiturates
barrio *m*   neighborhood
base *f*   basis; base
básico   basic
batalla *f*   battle
bebida *f*   beverage
bebidas alcohólicas *f pl*   alcoholic beverages
bencedrina *f*   benzedrine

beneficiar   to benefit
beneficio *m*   benefit
beneficio económico *m*   economic benefit
bienes *m pl*   goods, possessions
bienes y servicios *m pl*   goods and services
bienestar *m*   well-being, welfare
bienestar público *m*   public welfare
bilinear   paternal and maternal lines, bilinear
biosfera *f*   biosphere
boda *f*   wedding
borracho   drunk
bosque *m*   forest
bosque tropical *m*   tropical (rain) forest
burocrático   bureaucratic
búsqueda *f*   search

C

cabeza de casa *f*   head of household
cabeza de familia *f*   head of household
calcular   to calculate
cambio *m*   change
cambio de residencia *m*   change of residence
cambio de roles *m*   role change
cambio poblacional *m*   population change
camino *m*   road
campaña *f*   campaign
campaña publicitaria *f*   publicity campaign
campesino *m*   peasant, country person
capacidad *f*   capacity
capitalismo *m*   capitalism
capitalista   capitalist
capitán *m*   captain
característica *f*   characteristic
característica común *f*   common characteristic
carbón *m*   coal
cárcel *f*   jail
cárcel local *f*   local jail
caridad *f*   charity
cariño *m*   affection
carismático   charismatic
carrera *f*   career
casa de convalecencia *f*   convalescent home, rest home
casarse   to get married

caso *m*   case
caso de abuso *m*   case of abuse
casta *f*   caste
castigar   to punish
castigo *m*   punishment
casual   casual
catalizador   catalytic
catástrofe *f*   catastrophe
categoría *f*   category
categorización *f*   categorization
categorizar   to categorize
causa *f*   cause
causa y efecto *f*   cause and effect
centro *m*   center
centro comunitario de recreo *m*
    community recreation center
centro de entrenamiento *m*   training
    center
centro de juventud *m*   youth center
centro urbano *m*   urban center
ceremonia *f*   ceremony
cíclico   cyclical
ciclo *m*   cycle
ciencia *f*   science
ciencias sociales *f pl*   social sciences
científico   scientific
cine *m*   cinema, movie theater
circunstancia *f*   circumstance
ciudad *f*   city
ciudad-estado *f*   city-state
ciudadano *m*   citizen
civil   civil
clan *m*   clan
clase *f*   class
clase acomodada *f*   wealthy class
clase baja *f*   lower class
clase media *f*   middle class
clase obrera *f*   working class
clase social *f*   social class
clero *m*   clergy
cliente *m or f*   client
clima *m*   climate
climatológico   climatological
clínica *f*   clinic
coacción *f*   coercion
cóctel *m*   cocktail (party)
codeína *f*   codeine
código *m*   code
código moral *m*   moral code

código penal *m*   penal code
coercer   to coerce
coercitivo   coercive
cohabitación *f*   cohabitation
colaboración *f*   collaboration
colaborar   to collaborate
colectividad *f*   collectivity, community
colectivo   collective
cometer   to commit
comisión *f*   commission
comité de consulta juvenil *m*   juvenile
    conference committee
comodidad *f*   comfort
compañía *f*   company
compañía de finanzas *f*   finance
    company
comparación *f*   comparison
compartir   to share
compensación *f*   compensation
compensación monetaria *f*   monetary
    compensation
compensar   to compensate
competencia *f*   competence; competition
competitivo   competitive
compilar   to gather
complementar   to complement
componente *m*   component
comportamiento *m*   behavior
comportamiento antisocial *m*   antisocial
    behavior
comportamiento criminal *m*   criminal
    behavior
comportamiento humano *m*   human
    behavior
comportamiento social *m*   social
    behavior
comportarse   to behave
composición *f*   composition
composición poblacional *f*   population
    composition
común   common
comunes *m pl*   commoners
comunicación *f*   communication
comunicación de masas *f*   mass
    communication
comunicación masiva *f*   mass
    communication
comunidad *f*   community
comunismo *m*   communism

comunista   communist
comunitario   communal
concepto *m*   concept
conciencia *f*   conscience; consciousness
conclusión *f*   conclusion
concreto   concrete
condado *m*   county
condal   pertaining to a county
condena *f*   condemnation, conviction
condenar   to condemn, convict
condición *f*   condition
conducir   to lead
conducta *f*   conduct, behavior
conducta desviada *f*   deviant conduct
conducta inapropiada *f*   inappropriate
   conduct
conectar   to connect
conexión *f*   connection
confianza *f*   confidence
confirmar   to confirm
conflictivo   conflictive
conflicto *m*   conflict
conflicto de roles *m*   role conflict
conformarse   to conform
conformidad *f*   conformity
conformista   conformist
confrontar   to face, confront
congénito   congenital
conjunto *m*   whole, entirety
conocido *m*   acquaintance
conocimiento *m*   knowledge, know-how
consanguíneo   related by blood
consciente   conscious
consecuencia *f*   consequence
conseguir   to get, obtain
consejería familiar *f*   family counseling
consejero *m*   advisor, counselor
consejero familiar *m*   family counselor
consejero matrimonial *m*   marriage
   counselor
consejero vocacional *m*   vocational
   counselor
consentimiento del pueblo *m*   public
   consent
constitucional   constitutional
constituir   to constitute
consulta *f*   doctor's office; counselor's
   office
consultar   to consult

consumerismo *m*   consumerism
consumidor *m*   consumer
consumir   to consume
consumo *m*   consumption
contacto *m*   contact
contacto directo *m*   direct contact
contagio *m*   contagion
contaminación *f*   pollution
contaminación del aire *f*   air pollution
contemporáneo   contemporary
contestar   to answer
contexto *m*   context
contienda *f*   dispute
continuidad *f*   continuity
contradictorio   contradictory
contrastar   to contrast
contraste *m*   contrast
contrato *m*   contract
contribuir   to contribute
control *m*   control
control de tránsito *m*   traffic control
control social *m*   social control
controlado   controlled
controlar   to control
convencional   conventional
convertir   to convert
convicto *m*   convict
conyugal   conjugal
cónyuge *m* or *f*   spouse
cooperar   to cooperate
corazón *m*   heart
correcto   correct
correlación *f*   correlation
corte *f*   court
costumbre *f*   custom
costumbres *f pl*   mores, customs
creación *f*   creation
creador *m*   creator
crecer   to grow
crecimiento *m*   growth
crecimiento excesivo *m*   excessive growth
creencia *f*   belief
creencia generalizada *f*   generalized
   belief
cría de niños *f*   child rearing
crimen *m*   crime
crimen organizado *m*   organized crime
crimen profesional *m*   professional crime
crimen sin víctima *m*   victimless crime

crimen violento *m*   violent crime
criminal   criminal
criminalidad *f*   criminality
crisis *f*   crisis
crisis personal *f*   personal crisis
criterio *m*   criterion
crónico   chronic
cualitativo   qualitative
cuantitativo   quantitative
cuello blanco *m*   white collar
cuestionar   to dispute, question
cuestionario *m*   questionnaire
cuidar a (de)   to care, take care
culpabilidad *f*   culpability, blame, guilt
culpable *m* or *f*   guilty one
cultivar   to cultivate
cultivo *m*   cultivation
cultura *f*   culture
cumplimiento *m*   carrying out, fulfillment
cumplir   to fulfill
cupón alimenticio *m*   food stamp
curar   to cure
currículo *m*   curriculum
custodia *f*   custody

CH
chiste *m*   joke

D
dañar   to harm
dañino   harmful
dar a luz   to give birth
dar de comer   to feed
dar impulso   to propel
datos *m pl*   data
de crianza   foster
debate *m*   debate
deber *m*   duty
decaimiento *m*   decay
decente   decent
dedicarse   to devote oneself
defecto *m*   defect
defecto físico *m*   physical defect
defecto mental *m*   mental defect
defectos de nacimiento *m pl*   birth defects
deficiencia *f*   deficiency
definición *f*   definition
definir   to define
deificación *f*   deification

delictivo   criminal, delinquent
delincuencia *f*   delinquency
delincuente *m* or *f*   delinquent
delincuente juvenil *m* or *f*   juvenile delinquent
delineado   delineated
delito *m*   crime
delito mayor *m*   felony
delito menor *m*   misdemeanor
democracia *f*   democracy
democrático   democratic
demografía *f*   demography
demógrafo *m*   demographer
densidad *f*   density
densidad poblacional *f*   population density
dentro   within
departamento *m*   department
departamento de Bienestar y Protección de la Infancia *m*   Department of Child Care and Welfare
dependencia *f*   dependence
dependencia de las drogas *f*   drug dependence
dependencia del alcohol *f*   alcohol dependence
depender   to depend
dependiente   dependent
depredación *f*   depredation, pillaging
depresión *f*   depression
depresión económica *f*   economic depression
derecho exclusivo *m*   exclusive right
derechos civiles *m pl*   civil rights
derechos del pueblo *m pl*   people's rights
derivar   to derive
desacuerdo *m*   disagreement
desafortunado *m*   unfortunate person
desamparado *m*   homeless person
desanimar   to discourage
desarrollar   to develop
desarrollo *m*   development
desastre *m*   disaster
descendente   descending
descenso *m*   descent, drop, decline
descenso abrupto *m*   quick drop, decline
describir   to describe
descuido *m*   neglect
desecho *m*   waste

desechos radiactivos *m pl*   radioactive
    waste
desempeñar   to carry out
desempeño *m*   carrying out
desempleado *m*   unemployed
desempleo *m*   unemployment
desempleo temporal *m*   seasonal
    unemployment
desierto *m*   desert
desigualdad *f*   inequality
desigualdad social *f*   social inequality
desinterés *m*   disinterest
desnudismo *m*   nudism
despido *m*   firing, release
despilfarrar   to waste
desproporción *f*   disproportion
destino *m*   destiny
destreza *f*   skill
destructivo   destructive
desviación *f*   deviation
desviación primaria *f*   primary deviation
desviación secundaria *f*   secondary
    deviation
desviado   deviant
detener   to stop, apprehend, detain
determinar   to determine
diabético *m*   diabetic
dictadura *f*   dictatorship
dictadura militar *f*   military dictatorship
diferenciación *f*   differentiation
diferencial   differential
diferenciarse   to differentiate
difusión *f*   diffusion
diligencia *f*   industry, diligence
dinámica *f*   dynamics
dirección *f*   direction
directo   direct
disciplina *f*   discipline
discriminación *f*   discrimination
discriminación racial *f*   racial
    discrimination
discriminar   to discriminate
disidente *m* or *f*   dissident
disminuir   to diminish
disponer   to dispose
disposición *f*   disposition
disputa *f*   dispute
distinción *f*   distinction
distribución *f*   distribution

distribución de bienes y servicios *f*
    distribution of goods and services
distribución de patrimonio (riqueza) *f*
    distribution of wealth
distribuir   to distribute
distrito *m*   district
distrito escolar urbano *m*   urban school
    district
disuadir   to dissuade
disuasión *f*   dissuasion
divertirse   to enjoy oneself
dividendo *m*   dividend
división *f*   division
divorciarse   to get divorced
divorcio *m*   divorce
docente *m* or *f*   teacher, faculty member
doctrina *f*   doctrine
documento *m*   document
dolor *m*   pain
domicilio *m*   domicile, home
dominante   dominant
droga *f*   drug
droga ilícita *f*   illicit drug
drogadicto *m*   drug addict
drogas recetadas *f pl*   prescription drugs
duplicación *f*   duplication
duración *f*   duration
duradero   lasting

E

ecología *f*   ecology
ecológico   ecological
ecólogo *m*   ecologist
economía *f*   economy
económico   economic
ecosistema *m*   ecosystem
edad avanzada *f*   advanced in years, old
    age
edad mínima *f*   minimum age
edad reproductiva *f*   reproductive age
educación *f*   education
educación pública gratuita *f*   free public
    education
educar   to educate
educativo   educational
efecto *m*   effect
efectos dañinos *m pl*   harmful effects
eficiencia *f*   efficiency
ejercer   to exert, exercise, practice

elección *f* election
elegir to elect, choose
eliminación *f* elimination
eliminar to eliminate
élite *f* elite
emborracharse to get drunk
emergencia *f* emergency
emergencia médica *f* medical emergency
emigrante *m* or *f* emigrant
emigrar to emigrate
emisión *f* emission
emitir to emit
emoción *f* emotion
emocional emotional
empleado público *m* public servant
empleo *m* employment
empresa *f* enterprise
empresa fabril *f* manufacturing enterprise
empresa privada *f* private enterprise
en apuros in trouble
en confianza in confidence, confidential
en libertad bajo palabra out on parole
en libertad probatoria free on probation
en términos sociológicos in sociological terms
encarcelamiento *m* jailing, imprisonment
encuesta *f* poll, survey
endogamia *f* endogamy, inbreeding
énfasis *m* emphasis
enfatizar to emphasize
enfermedad *f* illness
enfermedad física *f* physical illness
enfermedad mental *f* mental illness
enfocar to focus
enfoque *m* focusing, focus
enraizado entrenched, rooted
enseñanza *f* teaching
enseñar to teach
entendimiento *m* understanding
entierro *m* burial
entrevista *f* interview
entrevistar to interview
envolver to involve
envuelto involved
equilibrar to balance
equilibrio *m* balance
equipo *m* team

equipo de especialistas *m* team of specialists
erosión *f* erosion
erróneo erroneous
escalamiento *m* breaking and entering
escalofríos *m pl* chills
escándalo *m* scandal
escasez *f* scarcity, shortage
escena *f* scene
esclavitud *f* slavery
esclavo *m* slave
escolar pertaining to school
escondido hidden
escuela *f* school
esfera *f* sphere
esfera social *f* social sphere
esfuerzo *m* effort
especialista *m* or *f* specialist
especialización *f* specialization
especificación *f* specification
especificar to specify
específico specific
espontáneo spontaneous
esporádico sporadic
esposa *f* wife
esposo *m* spouse, husband
estabilidad *f* stability
estable stable
establecer to establish
establecido established
estadística *f* statistics
estado *m* state
estado civil *m* marital status
estado de ánimo *m* state of mind
estado volátil *m* volatile state
estallar to blow up, set off
estatal pertaining to the state
estatuto *m* statute
estilo *m* style
estilo de vida *m* life-style
estimulante *m* stimulant
estimular to stimulate
estímulos intelectuales *m pl* intellectual stimuli
estrategia *f* strategy
estratificación *f* stratification
estratificación social *f* social stratification
estrés *m* stress

estricto   strict
estructura f   structure
estructura social f   social structure
estructural   structural
estudiar   to study
estudio m   study
estudio científico m   scientific study
estudio sistemático m   systematic study
ético   ethical
etnicidad f   ethnicity
étnico   ethnic
etnocéntrico   ethnocentric
etnocentrismo m   ethnocentrism
evaluación f   evaluation
evaluar   to evaluate
evento m   event
evento público m   public event
evitar   to avoid
evolucionista m or f   evolutionist
exageración f   exaggeration
exaltado   overexcited
examinar   to examine
excedente m   excess
excesivo   excessive
exclusivo   exclusive
exhibición f   exhibition
existencia f   existence
existente   existing
éxito m   success
exogamia f   exogamy
expectación f   expectation
expectación vaga f   vague expectation
expectativa f   expectation
experiencia f   experience
experiencia administrativa f
   administrative experience
experiencias de grupo f pl   group
   experiences
experimental   experimental
experimento m   experiment
experimento sociológico m   sociological
   experiment
explicar   to explain
explorar   to explore
exposición f   exposure, exhibition
expresivo   expressive
extenso   extended
exterior   exterior
extinción f   extinction

extrañamiento m   estrangement
extremo m   limit

F

fabricación f   manufacturing
facilitar   to facilitate
factor m   factor
factores culturales m pl   cultural factors
facultad de medicina f   medical school
falso   false
falta f   lack
falta de oportunidades f   lack of
   opportunities
faltar a clase   to miss class
fallecimiento m   death
fama f   fame
familia f   family
familia extensa f   extended family
familia nuclear f   nuclear family
familiarizarse   to become familiar
fascismo m   Fascism
fecundidad f   fecundity
federal   federal
femenino   feminine
feminista   feminist
fenómeno m   phenomenon
fértil   fertile
fertilidad f   fertility
feudalismo m   feudalism
fijo   fixed
financiero   financial
finanzas f pl   finances
físico   physical
fisioterapia f   physiotherapy
flexibilidad f   flexibility
flexible   flexible
foco m   focus
folklore m   folklore
fomento m   promotion
fondos m pl   funds
forma f   form
formación f   formation, training
formal   formal
formular   to formulate
forzoso   compulsory
fuente f   source
fuente de alimentos f   source of food
fuera   outside
fuerza f   force, strength

fuerza laboral *f*   labor force, work force
fuerzas armadas *f pl*   armed forces
función *f*   function
funcionalista   functional
funcionamiento *m*   functioning
funcionamiento normal *m*   normal functioning
funcionar   to function
fundación *f*   foundation
fundación privada *f*   private foundation
fundamental   fundamental
funeral *m*   funeral
futuro *m*   future

G

gama *f*   gamut, range
ganancias *f pl*   earnings
gastos *m pl*   expenses
gen *m*   gene
generación *f*   generation
general   general
generalización *f*   generalization
generalizado   generalized
geográfico   geographic
gerente *m*   manager
gerente de nivel intermedio *m*   middle manager
gesto *m*   gesture
gobierno *m*   government
gobierno estatal *m*   state government
gobierno federal *m*   federal government
gobierno municipal *m*   municipal (city) government
golpe *m*   beating, blow
golpe de estado *m*   coup d'etat
gozar de   to enjoy
graduación *f*   graduation
gratis   gratis
gratuito   free
grave   serious
grupal   pertaining to a group
grupo *m*   group
grupo competitivo *m*   competitive group
grupo de control *m*   control group
grupo de referencia *m*   reference group
grupo étnico *m*   ethnic group
grupo experimental *m*   experimental group
grupo minoritario *m*   minority group

guardería infantil *f*   day-care center
gubernamental   governmental
guerra *f*   war
guerra contra la pobreza *f*   war on poverty
guía *f*   guide
guiar   to guide

H

habilidad *f*   ability
habitante *m or f*   inhabitant
hábitat *m*   habitat
hábitat natural *m*   natural habitat
habitual   habitual
habla *f*   speech
habla adulta *f*   adult speech
hacer el papel   to play the role
hacerse adicto   to become an addict, become addicted
hachís *m*   hashish
hambre *f*   hunger
hecho *m*   fact
hembra *f*   female
heredar   to inherit
hereditario   hereditary
herencia *f*   inheritance
herencia común *f*   common inheritance
heroína *f*   heroin
heterosexual   heterosexual
higiene *f*   hygiene, cleanliness
higiénico   hygienic
hipótesis *f*   hypothesis
hogar *m*   home
hogar con sólo un padre *m*   single-parent home
hogar para ancianos *m*   old-age home
hogar vigilado *m*   halfway house
homicidio *m*   homicide
homogéneo   homogeneous
homosexual   homosexual
honesto   honest
horizontal   horizontal
hospital *m*   hospital
hostilidad *f*   hostility
huelga *f*   strike
huérfano *m*   orphan
humano   human
humano *m*   human being
hurto *m*   robbery, larceny

I

idea *f*   idea
idéntico   identical
identidad *f*   identity
identificar   to identify
ideología *f*   ideology
idioma *m*   language
iglesia *f*   church
igualdad *f*   equality
igualdad racial *f*   racial equality
igualdad sexual *f*   sexual equality
ilegal   illegal
ilícito   illicit
imagen *f*   image
imitar   to imitate
impacto *m*   impact
impacto negativo *m*   negative impact
impedimento *m*   impediment
impedimento legal *m*   legal
    impediment
impedir   to impede
impersonalidad *f*   impersonality
ímpetu *m*   impetus, momentum
implementar   to implement
implícito   implicit
imponer   to impose
importancia *f*   importance
importante   important
imposición *f*   imposition
impredecible   unpredictable
impuestos *m pl*   taxes
impulso *m*   impulse
inaceptable   unacceptable
inapropiado   inappropriate
incapacidad *f*   incapacity
incapacitación *f*   incapacitation
incapacitado   incapacitated
incendio premeditado *m*   arson
incesto *m*   incest
incidencia *f*   incidence
incompatible   incompatible
incontrolado   uncontrolled
incorporarse   to incorporate, join
incrementar   to increment, increase
incremento *m*   increment, increase
indefenso   defenseless
independiente   independent
individual   individual
individuo *m*   individual

individuos representativos *m pl*
    representative individuals
indumentaria *f*   clothing
industria *f*   industry
industrial   industrial
industrializado   industrialized
inevitable   unavoidable
inexacto   inaccurate
infalibilidad *f*   infallibility
infancia *f*   infancy
infantil   infantile
inferior   lower
influencia *f*   influence
influir   to influence
informal   informal
informática *f*   computer programming,
    computer science
informes *m pl*   information, reports
infracción *f*   infraction
infracción grave *f*   serious infraction
infracción menor *f*   minor infraction
infringir   to infringe
ingreso *m*   income
ingreso medio *m*   average (mean) income
iniciar   to initiate
injusticia *f*   injustice
inmediato   immediate
inmigración *f*   immigration
inmigrante *m or f*   immigrant
inmigrar   to immigrate
innovación *f*   innovation
inocencia *f*   innocence
inocente   innocent
inquietud *f*   restlessness, doubt
inspirar   to inspire
institución *f*   institution
institución mental *f*   mental institution
institución social *f*   social institution
institucionalizar   to institutionalize
instrumental   instrumental
insulina *f*   insulin
integrar   to integrate
intelectual   intellectual
inteligencia *f*   intelligence
intencional   intentional
interacción *f*   interaction
interaccionista   interactive
interactivo   interactive
interactuación *f*   interaction

interactuar   to interact
interés *m*   interest
intereses creados *m pl*   vested interests
interferir   to interfere
intergeneracional   intergenerational
intermedio   intermediate
internacional   international
internalizar   to internalize
interno   internal
interpretar   to interpret
interrogatorio *m*   interrogation,
  questioning
intervención *f*   intervention
intervenir   to intervene
interviú *f*   interview
intocable *m* or *f*   untouchable (person)
intrageneracional   intragenerational
inválido *m*   invalid
invariable *f*   invariable
invencible   invincible
inventar   to invent
invento *m*   invention
investidura *f*   investiture
investigador *m*   researcher
investigar   to investigate
investir   to invest
involucrar   to involve, implicate
invulnerabilidad *f*   invulnerability

J

jefe de Estado *m*   chief of state
jerarquía *f*   hierarchy
joven *m* or *f*   youth
jubilado   retired
judicial   judicial
juego *m*   game
juegos de azar *m pl*   gambling
juez *m*   judge
juicio *m*   lawsuit; judgment
junta *f*   board
jurídico   judicial
justicia *f*   justice
juvenil   juvenile

L

labor *f*   labor
laboral   pertaining to work or labor
laboratorio *m*   laboratory
labrador migratorio *m*   migrant worker

latente   latent
latrocinio *m*   armed robbery
lazo *m*   tie, bond, connection
legal   legal
legislativo   legislative
legitimar   to legalize
legitimidad *f*   legitimacy
legítimo   legitimate
lenguaje *m*   language
levantar la conciencia   to raise the
  consciousness
ley *f*   law
liberación *f*   liberation
liberación femenina *f*   women's
  liberation
libertad *f*   freedom
libertad a prueba *f*   probation
libertad bajo palabra *f*   parole
libertad probatoria *f*   probation
licor *m*   liquor
líder *m*   leader
líder de la comunidad *m*   community
  leader
ligado   tied
ligar   to tie, bind, join
limitar   to limit
limpieza *f*   housecleaning
linchamiento *m*   lynching
línea *f*   line
literatura *f*   literature
local   local
loco   crazy
lograr   to achieve
logro *m*   achievement, success
lucha *f*   fight

LL

llenar un formulario   to fill out a form
llevar a cabo   to carry out
lluvia *f*   rain
lluvia ácida *f*   acid rain

M

macrosociología *f*   macrosociology
madre no casada *f*   unwed mother
madre que trabaja *f*   working mother
madre soltera *f*   unwed (single) mother
madurez *f*   maturity
maestría *f*   master's degree

maestría en trabajo social *f*   master's
  degree in social work
mala palabra *f*   swear word
malsonante   ugly, vulgar (word)
maltrato *m*   mistreatment
maltrato físico *m*   physical mistreatment
mandar   to order, rule
mando *m*   command
manera *f*   way
manía *f*   mania, craze
manifestación *f*   manifestation;
  demonstration
manifestación espontánea *f*   spontaneous
  demonstration
manifestación pacífica *f*   peaceful
  demonstration
manifiesto   obvious
manipular   to manipulate
mano de obra *f*   manpower
mantener   to maintain
mantener el orden   to maintain order
mantenimiento *m*   maintenance
mantenimiento del orden *m*   maintaining
  order, keeping the peace
manumisión *f*   freeing (of slaves)
manutención *f*   upkeep, support
margen *m* or *f*   margin
marginado *m*   marginal person
marginal   marginal
marido *m*   husband
marihuana *f*   marijuana
masa *f*   mass
masculino   masculine
matanza *f*   killing, slaughter
material   material
materno   maternal
matriarcal   matriarchal
matrilinear   maternal line (side)
matrimonio *m*   marriage
máximo *m*   maximum
mayor de edad   of age, adult
mayoría *f*   majority
medicina *f*   medicine
médico   medical
medio *m*   milieu, medium
medio ambiente *m*   environment
medio cultural *m*   cultural milieu
medio físico *m*   physical milieu
medios *m pl*   means

medios constitucionales *m pl*
  constitutional means
medios de comunicación *m pl*   means of
  communication
medios de comunicación masiva *m pl*
  means of mass communication, media
medir   to measure
mejoramiento *m*   improvement
mejoramiento comunitario *m*
  community improvement
mejorar   to improve
menor de edad *m* or *f*   minor, underage
mensaje *m*   message
mental   mental
mercader *m*   merchant
meta *f*   goal
metal *m*   metal
método *m*   method
método científico *m*   scientific method
método de caso *m*   casework method
método de comunidad *m*   community
  method
método de grupo *m*   group method
metodología *f*   methodology
metrópoli *f*   metropolis
microsociología *f*   microsociology
miembro *m*   member
miembro de la familia *m*   family member
miembro del grupo *m*   group member
migración *f*   migration
migración interna *f*   internal migration
migración internacional *f*   outward
  migration
migratorio   migrational
militar   military
mínimo *m*   minimum
minoritario   pertaining to a minority
minusválido *m*   disabled (person)
mirada *f*   look
mitad *f*   half
modelo *m*   model
modernización *f*   modernization
modificar   to modify
moldear   to mold
monarquía *f*   monarchy
monetario   monetary
morfina *f*   morphine
mortalidad *f*   mortality
mortalidad infantil *f*   infant mortality

motín *m*   riot, uprising
motivación *f*   motivation
motivar   to motivate
móvil *m*   motive
movilidad *f*   mobility
movilidad estructural *f*   structural mobility
movilidad horizontal *f*   horizontal mobility
movilidad social *f*   social mobility
movilidad vertical *f*   vertical mobility
movimiento *m*   movement
movimiento feminista *m*   feminist movement
movimiento laboral *m*   labor movement
movimiento social *m*   social movement
muchedumbre *f*   crowd, mob
muerte *f*   death
muestra *f*   sample
muestra al (por) azar *f*   random sample
mujer *f*   woman; wife
mujer golpeada *f*   battered woman
mujer profesional *f*   professional woman
multa *f*   fine
multiadicción *f*   cross addiction
mundo *m*   world
mundo social *m*   social world
municipal   municipal
municipio *m*   municipality
murmuración *f*   rumor
murmurar   to murmur, gossip
mutuo   mutual

N

nacer   to be born
nacimiento *m*   birth
nacimientos vivos *m pl*   live births
nación *f*   nation
nación-estado *f*   nation-state
nacional   national
narcótico *m*   narcotic
narcotraficante *m or f*   drug dealer
narcotráfico *m*   drug traffic
nariz que moquea *f*   runny nose
natural   natural, native
náuseas *f pl*   nausea
necesidad *f*   need
necesitado *m*   needy (person)
negativo   negative

negociación *m*   negotiation
negociaciones laborales *f pl*   labor negotiations
neutralidad *f*   neutrality
nicotina *f*   nicotine
niñez *f*   childhood
niño abandonado *m*   neglected child
niño abusado *m*   abused child
niño atrasado *m*   retarded child
niño inadaptado *m*   troubled child
niños dependientes *m pl*   dependent children
nivel *m*   level
nivel de educación *m*   education level
nivel de subsistencia *m*   subsistence level
nivel de vida *m*   standard of living
nivel socioeconómico *m*   socioeconomic level
noble *m or f*   noble
nocivo   harmful, noxious
norma *f*   norm
norma establecida *f*   established norm
norma social *f*   social norm
normal   normal
notable   notable
nuclear   nuclear
núcleo *m*   nucleus
nutrición *f*   nutrition

O

obedecer   to obey
obediencia *f*   obedience
objetividad *f*   objectivity
objetivo   objective
objeto *m*   object
obligación *f*   obligation
obligar   to oblige, force
obligatorio   obligatory
obra de caridad *f*   charitable deed or work
obrar   to act
observar   to observe
obvio   obvious
ocasional   occasional
ocupación *f*   occupation
ocupacional   occupational
ofender   to offend
ofensa *f*   offense
ofensor *m*   offender

ofensor juvenil *m*   juvenile offender
ofensor menor *m*   minor offender
oficial *m*   official
oficial bajo palabra *m*   parole officer
oficial de probación *m*   probation officer
ojos llorosos *m pl*   teary eyes
ola de criminalidad *f*   crime wave
oligarquía *f*   oligarchy
opción *f*   option
opio *m*   opium
oponer   to oppose
oportunidad *f*   opportunity
oportunidades de empleo *f pl*
    employment opportunities
oposición *f*   opposition
optar   to opt
orden *m*   order
orden interno *m*   internal order
orfanato *m*   orphanage
organismo *m*   organism
organización *f*   organization
organización comunitaria *f*   community
    organization
organizaciones para jóvenes *f pl*   youth
    organizations
organizado   organized
órgano *m*   organ
orientación *f*   orientation; guidance
orientación sexual *f*   sexual orientation
orientarse   to orient oneself
ostracismo *m*   ostracism

P

paciente *m* or *f*   patient
pacífico   peaceful
padres *m pl*   parents
padres adoptivos *m pl*   adoptive parents
padres biológicos *m pl*   biological parents
pago de daños *m*   payment of damages
país *m*   country
países industrializados *m pl*
    industrialized countries
palabra malsonante *f*   swear word
pánico *m*   panic
papeleo *m*   paperwork
paraprofesional *m* or *f*   paraprofessional
pareja *f*   couple
pariente *m*   relative
parte *f*   party

participación *f*   participation
participar   to participate
partícula *f*   particle
particular   particular
partido político *m*   political party
pasado *m*   past
pasivo   passive
paso *m*   step
paso intermedio *m*   intermediate step
paterno   paternal
patriarcal   patriarchal
patrilinear   paternal line (side)
patrimonio *m*   estate
patrón *m*   pattern
patrón establecido *m*   established pattern
patrono *m*   boss
peligro *m*   danger
pena *f*   punishment
penal   penal
penalidad *f*   penalty
penitenciaría *f*   penitentiary
percepción *f*   perception
percepción mental *f*   mental perception
pérdida *f*   loss
pérdida de control *f*   loss of control
perdurar   to last
periódicamente   periodically
periódico *m*   newspaper
período *m*   period
período de profundo cambio social *m*
    period of profound social change
perjudicado *m*   harmed one
perjudicar   to harm
permanente   permanent
perpetuar   to perpetuate
perpetuo   perpetual
persistente   persistent
persona *f*   person
persona adicta *f*   addicted person
persona sin hogar *f*   homeless person
personal   personal
personal *m*   personnel
personalidad *f*   personality
perspectiva *f*   perspective
perspectivas sociológicas *f pl*
    sociological perspectives
persuadir   to persuade
persuasión *f*   persuasion
pertenecer   to belong

perversión f   perversion
peso m   weight
peste f   plague
pesticida m   pesticide
petróleo m   oil, petroleum
piel f   skin
planeamiento m   planning
planificación f   planning
pleito m   lawsuit
población f   population
población penal f   jail population
población urbana f   urban population
poblacional   pertaining to population
poblar   to populate
pobreza f   poverty
poder m   power
poder social y político m   social and
    political power
poder y riqueza m   power and wealth
policía m or f   police officer, police
política f   policy, politics
política social f   social policy
político   political
poner en peligro   to endanger
porción f   portion
poseedor m   possessor
poseer   to possess
posesión f   possession
posición f   position
posición clave f   key position
posición social f   social position
posición subordinada f   subordinate
    position
positivo   positive
postura f   posture, stance
potencia f   potency, power
práctica f   practice
práctica profesional f   professional
    practice
practicar   to practice
precepto m   precept
predecir   to predict
predisponer   to predispose
predominante   predominant
preescolar   preschool
prejuicio m   prejudice
prelado m   prelate
prensa f   press
preocupación f   worry

preparación f   preparation
preparar   to prepare
presionar   to pressure
préstamo de rol m   role borrowing
presupuesto m   budget
prevalecer   to prevail
prevaleciente   prevalent
prevención f   prevention
prevenir   to prevent
preventivo   preventive
primado m   primate
primario   primary
principal   principal
prisión f   prison
prisionero m   prisoner
privado   private
privilegio m   privilege
probar   to prove
probatorio   probationary
problema m   problem
problemas de aprendizaje m pl   learning
    problems
procesar   to process, bring to trial
proceso m   process; trial
proceso de modernización m
    modernization process
procreador   procreative
producción f   production
producción agrícola f   agricultural
    production
producir   to produce
producto de lujo m   luxury item
profesión f   profession
profesional   professional
profundo   deep, profound
programa m   program
programa de rehabilitación m
    rehabilitation program
programa educativo m   educational
    program
programa existente m   existing program
programa gubernamental m
    government program
progresar   to progress
progreso m   progress
prohibir   to prohibit, forbid
prolífico   prolific
prolongado   prolonged
promedio m   average

promedio de vida *m*   average life span
pronóstico *m*   forecast, prognosis
pronunciar juicios   to pass judgment,
    pass a verdict
propaganda *f*   advertising
propensión *f*   propensity
propenso   prone, inclined to
propiedad *f*   property
propiedad ajena   another's property
propiedad del Estado *f*   state property
propiedad privada *f*   private proverty
propósito *m*   purpose
propuesta *f*   proposal
prostitución *f*   prostitution
protección *f*   protection
proveer   to provide
provisión *f*   provision
proyecto *m*   project
psicoactivo   psychoactive
psicológico   psychological
psicólogo *m*   psychologist
psicoterapia *f*   psychotherapy
psicotrópico   psychotropic
psiquiatra *m* or *f*   psychiatrist
psiquiátrico   psychiatric
publicitario   advertising
pueblo *m*   people
puente *m*   bridge
pulmones *m pl*   lungs
punitivo   punitive

Q

quebrantamiento *m*   breaking
quehaceres domésticos *m pl*   household
    chores
queja *f*   complaint
quema *f*   burning
quemadura *f*   burn
quiebra *f*   bankruptcy
químico   chemical

R

racial   racial
racional   rational
racismo *m*   racism
radiactivo   radioactive
radical   radical
radicalización *f*   radicalization
radicar   to stem from, arise from

radio *f*   radio
rango *m*   rank
rasgo *m*   trait, feature
rasgos faciales *m pl*   facial features
raza *f*   race
reacción *f*   reaction
reaccionar   to react
realidad *f*   reality
realidad objetiva *f*   objective reality
recaudar   to collect
recesión *f*   recession
recesión económica *f*   economic recession
recíproco   reciprocal
recomendación *f*   recommendation
recomendar   to recommend
recreo *m*   recreation
recuperación *f*   recuperation, recovery
recurrir a   to resort to
recursos *m pl*   resources
recursos naturales *m pl*   natural resources
red *f*   network
red social *f*   social network
reducir   to reduce
reemplazo *m*   replacement
reevaluación *f*   reevaluation
referencia *f*   reference
reforma *f*   reform
reforma agraria *f*   agrarian reform
reformar   to reform
reformista   reformist
régimen *m*   regime
regir   to rule
registrar   to register
regla *f*   rule
reglamento *m*   regulation
regresar   to return
regular   to regulate
regulatorio   regulatory
rehabilitación *f*   rehabilitation
rehabilitación física *f*   physical
    rehabilitation
rehabilitación ocupacional *f*
    occupational rehabilitation
reintegración *f*   reintegration, reentry
reintegración a la sociedad *f*
    reentry into society
reintegrar   to reintegrate, restore
relación *f*   relation; relationship
relacionarse   to be related

relaciones exteriores *f pl*   foreign
  relations
relatividad *f*   relativity
relatividad cultural *f*   cultural relativity
religión *f*   religion
religioso   religious
remordimiento *m*   remorse
rendimiento *m*   achievement, outpost
rendimiento académico *m*   academic
  achievement
rentas *f pl*   income
reorganizar   to reorganize
reparto *m*   distribution
representación *f*   representation
representante *m* or *f*   representative
representar   to represent
representativo   representative
represivo   repressive
reprimir   to repress
reproducción *f*   reproduction
reproducir   to reproduce
reproductivo   reproductive
reproductor   reproductive
reputación *f*   reputation
requerir   to require
residencia *f*   residence
residencia permanente *f*   permanent
  residence
residir   to reside
resistencia *f*   resistance
resistencia al cambio *f*   resistance to
  change
resistir   to resist
resolución *f*   resolution, solution
resolver   to solve
respetar   to respect
responsabilidad *f*   responsibility
respuesta *f*   answer
resultado *m*   result
retardar   to delay
retirar   to retire
retiro *m*   retirement
retiro obligatorio *m*   obligatory
  retirement
reunión *f*   meeting
reunir   to gather
revista *f*   magazine
revocar   to revoke
revolución *f*   revolution

revolucionario   revolutionary
ridículo   ridiculous
riña *f*   argument
riqueza *f*   wealth
rito *m*   rite
robar   to steal
robo *m*   theft
rol *m*   role
rol social *m*   social role
roles sexuales *m pl*   sex roles
rotulación *f*   labeling
rotular   to label
rotura de un hueso *f*   bone fracture
rumor falso *m*   false rumor
rural   rural
rutina *f*   routine

S

sacerdote *m*   priest
sacrificado   sacrificed
sala de emergencia *f*   emergency room
salario *m*   salary
salto *m*   jump
salud *f*   health
salud física y mental *f*   physical and
  mental health
salud pública *f*   public health
sanatorio *m*   sanatorium
sanción *f*   sanction
sangre *f*   blood
saqueo *m*   plundering, pillaging
satisfacción *f*   satisfaction
satisfacer   to satisfy
sector *m*   sector
secundario   secondary
sedante *m*   sedative
segmento *m*   segment
seguro *m*   insurance
seguro médico *m*   medical insurance
Seguro Social *m*   Social Security
seleccionar   to select
semejanza *f*   similarity
sentencia *f*   sentence
sentencia de prisión *f*   prison sentence
sentenciar   to sentence
sentido *m*   sense
sentido común de identidad *m*   common
  sense of identity
sentido de propósito *m*   sense of purpose

señalamiento *m*   sign, signal, indication
separar   to separate
ser humano *m*   human being
ser propenso   to be prone, inclined to
serie *f*   series
serie de comportamientos *f*   series of behaviors
servicio *m*   service
servicio a la comunidad *m*   community service
servicio social comunitario *m*   community social service
servicios sociales *m pl*   social services
sexismo *m*   sexism
sexo *m*   sex
sexual   sexual
sexualidad *f*   sexuality
sí mismo *m*   self-image
sí mismo reflejo *m*   mirror self-image
siervo del pueblo *m*   public servant
significado *m*   meaning
símbolo *m*   symbol
similar   similar
sin juicio   without thinking, without judgment
sin víctimas   victimless
sindicato *m*   union
síntomas de abstinencia *m pl*   withdrawal symptoms
sistema *m*   system
sistema de castas *m*   caste system
sistema de contribuciones *m*   tax system
sistema de valores *m*   value system
sistema familiar *m*   family system
sistema judicial *m*   judicial system
sistema jurídico *m*   judicial system
sistema legal *m*   legal system
sistema penal *m*   penal system
sistemático   systematic
situación *f*   situation
situaciones sociales *f pl*   social situations
situarse   to be situated
sobrehumano   superhuman
sobrenatural   supernatural
sobrepoblación *f*   overpopulation
sobresaliente   outstanding
sobrevivir   to survive
social   social
socialismo *m*   socialism

socialista   socialist
socialización *f*   socialization
socializado   socialized
socializar   to socialize
sociedad *f*   society
sociedad agraria *f*   agrarian society
sociedad matriarcal *f*   matriarchal society
sociedad patriarcal *f*   patriarchal society
socioeconómico   socioeconomic
sociología *f*   sociology
sociológico   sociological
sociólogo *m*   sociologist
soler   to be accustomed to
solidaridad *f*   solidarity
solución *f*   solution
someterse   to submit
sostén *m*   support
status *m*   status
status adquirido *m*   acquired status
status adscrito *m*   assigned status
status dominante *m*   dominant status
status inferior *m*   lower status
subcultura *f*   subculture
subdesarrollado   underdeveloped
subgrupo *m*   subgroup
subjetivo   subjective
subordinado   subordinate
subsistencia *f*   subsistence
suburbio *m*   suburb
subvención *f*   subsidy
subvencionar   to subsidize
sufragio *m*   suffrage
sugerir   to suggest
sugestionabilidad *f*   suggestibility
sujeto *m*   subject
superávit *m*   surplus
superior   superior
superpoblación *f*   overpopulation
superstición *f*   superstition
supervisar   to supervise
supervisión *f*   supervision
supervivencia *f*   survival
supervivencia humana *f*   human survival
susceptible   susceptible
sustancia *f*   substance
sustancias químicas *f pl*   chemical substances
sutil   subtle

T

tabaco *m*   tobacco
tabú *m*   taboo
talentoso   talented
tamaño *m*   size
tamaño físico *m*   physical size
tarea *f*   task, chore, job
tasa *f*   rate
tasa de abandono de la escuela *f*   school
   drop-out rate
tasa de crecimiento *f*   growth rate
tasa de divorcio *f*   divorce rate
tasa de mortalidad *f*   mortality rate
tasa de natalidad *f*   birth rate
técnica *f*   technique
técnicas agrícolas *f pl*   agricultural
   techniques
técnicas de investigación *f pl*
   investigation techniques
técnico   technical
tecnología *f*   technology
tecnológico   technological
televisión *f*   television
tema *m*   subject
temblores *m pl*   shakes
temporada *f*   season
temporal   temporary, seasonal
temporero   temporary
tendencia *f*   tendency
tener peso   to have (carry) weight
tensión *f*   tension
teología de liberación *f*   liberation
   theology
teoría *f*   theory
terapia *f*   therapy
terapia de grupo *f*   group therapy
término *m*   term
terreno *m*   terrain
territorio *m*   territory
tertulia *f*   social gathering, club
testigo *m* or *f*   witness
tipo *m*   type
título *m*   title; degree
título universitario   university degree
tolerancia *f*   tolerance
topográfico   topographic
total   total
totalidad *f*   totality
totalitario   totalitarian

trabajador *m*   worker
trabajador calificado *m*   skilled laborer
trabajador de «cuello blanco» *m*   white-
   collar worker
trabajador migratorio *m*   migrant worker
trabajador no calificado *m*   unskilled
   laborer
trabajador social *m*   social worker
trabajo *m*   labor, work
trabajo a tiempo completo *m*   full-time
   employment
trabajo a tiempo parcial *m*   part-time
   work
trabajo comunitario *m*   community work
trabajo de caso *m*   casework
trabajo de grupo *m*   group work
trabajo social *m*   social work
tradición *f*   tradition
tradicional   traditional
tranquilizante *m*   tranquilizer
transformación *f*   transformation
transición *f*   transition
transición de roles *m*   role transition
transición demográfica *f*   demographic
   transition
tránsito *m*   traffic
transmisión *f*   transmission
transmitir   to transmit
transporte *m*   transportation
transporte público *m*   public
   transportation
traslado *m*   transfer
tratamiento *m*   treatment
tratamiento apropiado *m*   appropriate
   treatment
tratamiento médico *m*   medical treatment
tribal   tribal
tribu *f*   tribe
tribunal *m*   court
trivial   trivial
trocar   to trade, barter
tropical   tropical
turba *f*   mob

U

ubicación *f*   location
ubicar   to place, locate
umbral de pobreza *m*   poverty line
único   only, sole

uniformidad *f*   uniformity
universitario   pertaining to a university
urbanización *f*   urbanization
urbano   urban
uso *m*   usage, use
usual   usual
utilitario   utilitarian

V

vago   vague
valerse de   to use, make use of
válido   valid
valor *m*   value
variable *f*   variable
variación *f*   variation
variedad *f*   variety
varón *m*   male
varón adulto *m*   male adult
vecindad *f*   neighborhood
vecino *m*   neighbor
vehículo *m*   vehicle
vejez *f*   old age
verificar   to check
vertical   vertical
vestir   to clothe, dress

víctima *f*   victim
vida cotidiana *f*   daily life
vida diaria *f*   daily life
vigilar   to watch
vínculo *m*   tie, bond, connection
vínculos sociales *m pl*   social ties
violación *f*   violation
violación sexual *f*   rape
violar   to violate
violencia *f*   violence
violento   violent
vivienda *f*   housing, dwelling
vocacional   vocational
volátil   volatile
voluntad *f*   will
voluntariamente   willingly
voluntario   voluntary

Y

yermo   deserted, uninhabited, barren

Z

zona *f*   zone
zona rural *f*   rural zone

ENGLISH-SPANISH VOCABULARY

A

abandon abandonar
abandoned abandonado
abandoned child el niño abandonado
abandonment el abandono
ability la habilidad
abnormal anormal
abrupt abrupto
abrupt drop el descenso abrupto
abstinence la abstinencia
abstract abstracto
abundant abundante
abuse el abuso
abuse abusar
abused el abusado
abuser el abusador
abusive abusivo
academic académico
academic achievement el rendimiento
  académico
academic environment (milieu) el
  ambiente académico
accept aceptar
acceptable aceptable
accident el accidente
accuse acusar
accused el acusado
achieve lograr
achievement el logro, el rendimiento
acid ácido
acid rain la lluvia ácida
acquaintance el conocido
acquired adquirido
acquired status el status adquirido
act el acto
act actuar, obrar
action la acción
active activo
activist el (la) activista
activity la actividad

actor el actor
actress la actriz
adapt adaptar
adaptation la adaptación
addicted adicto
addicted person la persona adicta
addiction la adicción
adjustment el ajuste
administrative administrativo
administrative experience la experiencia
  administrativa
adolescence la adolescencia
adolescent adolescente
adolescent el (la) adolescente
adopt adoptar
adoption la adopción
adoption agency la agencia de adopción
adoptive adoptivo
adoptive parents los padres adoptivos
adult el adulto
adult speech el habla adulta
advance el adelanto, el avance
advance avanzar
advanced in years de edad avanzada
advancement el adelanto
adversary el adversario
advertising la propaganda
advertising publicitario
advise aconsejar
advisor el consejero
affect afectar
affection el afecto, el cariño
affinity la afinidad
aged person el anciano
agency la agencia
agent el (la) agente
agent of change el (la) agente de
  cambio
agrarian agrario
agrarian reform la reforma agraria

agrarian society   la sociedad agraria
agreement   el acuerdo
agressive   agresivo
agressiveness   la agresividad
agricultural   agrícola
agricultural production   la producción
  agrícola
agricultural techniques   las técnicas
  agrícolas
agriculture   la agricultura
air pollution   la contaminación del aire
alcohol   el alcohol
alcohol dependence   la dependencia del
  alcohol
alcoholic   alcohólico
alcoholic beverages   las bebidas
  alcohólicas
Alcoholics Anonymous   Alcohólicos
  Anónimos
alcoholism   el alcoholismo
alleviate   aliviar
alliance   la alianza
Alliance for Progress   la Alianza para el
  Progreso
alter   alterar
alternative   la alternativa
ambiguity   la ambigüedad
ambiguous   ambiguo
ambitious   ambicioso
ambivalence   la ambivalencia
amphetamine   la anfetamina
analysis   el análisis
analyze   analizar
ancestry   la ascendencia
annexation   la anexión
annotate   anotar
annual   anual
another's property   la propiedad ajena
answer   la respuesta
answer   contestar
antecedent   el antecedente
anthropologist   el antropólogo
antisocial   antisocial
antisocial behavior   el comportamiento
  antisocial
anxiety   la ansiedad
appear   aparecer
apprehend   aprehender, detener
appropriate   apropiado

appropriate treatment   el tratamiento
  apropiado
approve   aprobar
arbitrary   arbitrario
area   el área
argument   la riña
arise from   radicar
armed   armado
armed forces   las fuerzas armadas
armed robbery   el latrocinio
arrest   arrestar
arrest   el arresto
arrested   el arrestado
arson   el incendio premeditado
artisan   el artesano
ascendancy   la ascendencia
ascending   ascendente
aspect   el aspecto
aspiration   la aspiración
assault   asaltar
assigned   adscrito
assigned status   el status adscrito
assistance   la asistencia, la ayuda
assistant   el (la) asistente
assisted   asistido
association   la asociación
asylum   el asilo
athlete   el (la) atleta
atmosphere   la atmósfera, el ambiente
attachment   la adhesión
attack   el ataque, el asalto
attack   atacar, asaltar
attitude   la actitud
attribute   el atributo
auspices   el auspicio
authoritarian   autoritario
authority   la autoridad
average   el promedio
average life span   el promedio de vida
average (mean) income   el ingreso medio
avoid   evitar

B
background   el ambiente; el antecedente
balance   el equilibrio
balance   equilibrar
bank   el banco
bankruptcy   la quiebra

banquet   el banquete
barbiturates   los barbitúricos
basic   básico
basis   la base
battered woman   la mujer golpeada
battle   la batalla
be accustomed to   soler
be born   nacer
be prone   ser propenso
be related   relacionarse
be situated   situarse
beating   el golpeo
become addicted   hacerse adicto
become familiar   familiarizarse
behave   comportarse
behavior   el comportamiento
belief   la creencia
belong   pertenecer
belonging to another   ajeno
benefit   el beneficio
benefit   beneficiar
benzedrine   la bencedrina
beverage   la bebida
bind   ligar
biological parents   los padres biológicos
biosphere   la biosfera
birth   el nacimiento
birth defects   los defectos de nacimiento
birth rate   la tasa de natalidad
blood   la sangre
blow up   estallar
board   la junta
bond   el lazo, el vínculo, la adhesión
bone fracture   la rotura de un hueso
boss   el patrono
breaking   el quebrantamiento
breaking and entering   el escalamiento
bridge   el puente
budget   el presupuesto
bureaucratic   burocrático
burial   el entierro
burn   la quemadura
burning   la quema

C

calculate   calcular
campaign   la campaña
capacity   la capacidad
capitalism   el capitalismo

capitalist   capitalista
captain   el capitán
car   el automóvil
care   cuidar
career   la carrera
carry out   desempeñar, llevar a cabo
carry weight   tener peso
carrying out   el desempeño, el cumplimiento
case   el caso
case of abuse   el caso de abuso
casework   el trabajo de caso
casework method   el método de caso
caste   la casta
caste system   el sistema de castas
casual   casual
catalytic   catalizador
catastrophe   la catástrofe
categorization   la categorización
categorize   categorizar
category   la categoría
cause   la causa
cause and effect   causa y efecto
center   el centro
ceremony   la ceremonia
certified social worker   el asistente aprobado
change   el cambio
change of residence   el cambio de residencia
characteristic   la característica
charismatic   carismático
charitable deed (work)   la obra de caridad
charity   la caridad
check   verificar
chemical   químico
chemical substances   las sustancias químicas
chief of state   el jefe de Estado
child abuse   el abuso de los niños
child rearing   la cría de niños
childhood   la niñez
chills   los escalofríos
choose   elegir
chore   la tarea
chronic   crónico
church   la iglesia
cinema   el cine

circumstance la circunstancia
citizen el ciudadano
city-state la ciudad-estado
civil civil
civil rights los derechos civiles
clan el clan
class la clase
cleanliness el aseo, la higiene
clergy el clero
client el (la) cliente
climate el clima
climatological climatológico
clinic la clínica
clothe vestir
clothing la indumentaria
coal el carbón
cocktail el cóctel
code el código
codeine la codeína
coerce coaccionar
coertion la coacción
cohabitation la cohabitación
collaborate colaborar
collaboration la colaboración
collect recaudar
collective colectivo
collectivity la colectividad
comfort la comodidad
command el mando
commission la comisión
commit cometer
common común
common characteristic la característica común
common inheritance la herencia común
common sense of identity el sentido común de identidad
commoners los comunes
communal comunitario
communication la comunicación
communism el comunismo
communist comunista
community la comunidad
community activities las actividades comunitarias
community improvement el mejoramiento comunitario
community leader el líder de la comunidad

community method el método de comunidad
community organization la organización comunitaria
community recreation center el centro comunitario de recreo
community service el servicio a la comunidad
community social service el servicio social comunitario
community work el trabajo comunitario
company la compañía
comparison la comparación
compensate compensar
compensation la compensación
competence la competencia
competition la competencia
competitive competitivo
competitive group el grupo competitivo
complaint la queja
complement complementar
component el componente
composition la composición
compulsory forzoso, obligatorio
computer programming (science) la informática
concept el concepto
conclusion la conclusión
concrete concreto
condemn condenar
condemnation la condena
condition la condición
conduct la conducta
confidence la confianza
confirm confirmar
conflict el conflicto
conflictive conflictivo
conform conformarse
conformist conformista
conformity la conformidad
congenital congénito
conjugal conyugal
connect conectar
connection la conexión, el lazo, el vínculo
conscience la conciencia
conscious consciente
consciousness la conciencia
consequence la consecuencia

constitute   constituir
constitutional   constitucional
constitutional means   los medios constitucionales
consult   consultar
consume   consumir
consumer   el consumidor
consumerism   el consumerismo
consumption   el consumo
contact   el contacto
contagion   el contagio
contemporary   contemporáneo
continuity   la continuidad
contraceptive   el anticonceptivo
contraceptive   anticonceptivo
contract   el contrato
contradictory   contradictorio
contrast   el contraste
contrast   contrastar
contribute   contribuir
contribution   el aporte, la contribución
control   el control
control   controlar
control agent   el (la) agente de control
control group   el grupo de control
controlled   controlado
convalescent home   la casa de convalecencia
conventional   convencional
convert   convertir
convict   el convicto
convict   condenar
cooperate   cooperar
correct   correcto
correlation   la correlación
counselor   el consejero
country   el país
country person   el campesino
county   el condado
county (pertaining to)   condal
coup d'etat   el golpe de estado
couple   la pareja
court   el tribunal, la corte
craftsmanship   la artesanía
craze   la manía
crazy   loco
creation   la creación
creator   el creador
crime   el crimen, el delito

crime wave   la ola de criminalidad
criminal   criminal, delictivo
criminal behavior   el comportamiento criminal
criminality   la criminalidad
crisis   la crisis
criterion   el criterio
cross addiction   la multiadicción
crowd   la muchedumbre
culpability   la culpabilidad
cultivate   cultivar
cultivation   el cultivo
cultural factors   los factores culturales
cultural milieu   el medio cultural, el ambiente cultural
cultural relativity   la relatividad cultural
culture   la cultura
cure   curar
curriculum   el currículo
custody   la custodia
custom   la costumbre
cycle   el ciclo
cyclical   cíclico

D

daily   a diario
daily life   la vida diaria, la vida cotidiana
damages   los daños
danger   el peligro
data   los datos
day-care center   la guardería infantil
death   el fallecimiento, la muerte
debate   el debate
decay   el decaimiento
decent   decente
deep   profundo
defect   el defecto
defenseless   indefenso
deficiency   la deficiencia
define   definir
definition   la definición
degree   el título
deification   la deificación
delay   retardar
delineated   delineado
delinquency   la delincuencia
delinquent   el (la) delincuente
delinquent   criminal, delictivo
democracy   la democracia

democratic democrático
demographer el demógrafo
demographic transition la transición demográfica
demography la demografía
demonstration la manifestación
density la densidad
department el departamento
Department of Child Care and Welfare el departamento de Bienestar y Protección de la Infancia
depend depender
dependence la dependencia
dependent dependiente
dependent children los niños dependientes
depredation la depredación
depression la depresión
derive derivar
descending descendente
descent el descenso
describe describir
desert el desierto
deserted desierto, yermo
destiny el destino
destructive destructivo
destructive act el acto destructivo
detain detener
determine determinar
develop desarrollar
development el desarrollo
deviant desviado
deviant conduct la conducta desviada
deviation la desviación
devote oneself to dedicarse a
diabetic el diabético
dictatorship la dictadura
differential diferencial
differential association la asociación diferencial
differentiate diferenciar
differentiation la diferenciación
diffusion la difusión
diligence la diligencia
diminish disminuir
direct directo
direct contact el contacto directo
direction la dirección
disabled (person) el minusválido

disagreement el desacuerdo
disaster el desastre
discipline la disciplina
discourage desanimar
discriminate discriminar
discrimination la discriminación
disinterest el desinterés
dispose disponer
disposition la disposición
disproportion la desproporción
dispute cuestionar
dispute la disputa, la contienda
dissident el (la) disidente
dissuade disuadir
dissuasion la disuasión
distinction la distinción
distribute distribuir
distribution la distribución, el reparto
distribution of goods and services la distribución de bienes y servicios
distribution of wealth la distribución de patrimonio (riqueza)
district el distrito
dividend el dividendo
division la división
divorce el divorcio
divorce rate la tasa de divorcio
doctor's office la consulta del médico
doctrine la doctrina
document el documento
domicile el domicilio
dominant dominante
drop el descenso
drug la droga
drug addict el drogadicto
drug addiction la adicción a las drogas
drug dealer el (la) narcotraficante
drug dependence la dependencia de las drogas
drug traffic el narcotráfico
drunk (person) el borracho
duplication la duplicación
duration la duración
duty el deber
dynamics la dinámica

E

earnings las ganancias, las rentas, el ingreso
ecological ecológico

ecologist   el ecólogo
ecology   la ecología
economic   económico
economic benefit   el beneficio económico
economic depression   la depresión
   económica
economic recession   la recesión
   económica
economy   la economía
ecosystem   el ecosistema
educate   educar
education   la educación
education level   el nivel de educación
educational   educativo
educational program   el programa
   educativo
effect   el efecto
efficiency   la eficiencia
effort   el esfuerzo
elderly   avanzada de edad
elect   elegir
election   la elección
eliminate   eliminar
elimination   la eliminación
elite   la élite
emergency   la emergencia
emergency room   la sala de emergencia
emigrant   el (la) emigrante
emigrate   emigrar
emission   la emisión
emit   emitir
emotion   la emoción
emotional   emocional
emphasis   el énfasis
emphasize   enfatizar
employment   el empleo
employment opportunities   las
   oportunidades de empleo
encompass   abarcar
endanger   poner en peligro
endogamy   la endogamia
enjoy   gozar
enjoy oneself   divertirse
enterprise   la empresa
entirety   el conjunto
entrenched   enraizado
environment   el ambiente, el medio
   ambiente
environmental   ambiental

epoch   la época
equality   la igualdad
erosion   la erosión
erroneous   erróneo
essential   esencial
establish   establecer
established   establecido
established norm   la norma establecida
established pattern   el patrón establecido
estate   el patrimonio
estrangement   el extrañamiento, el
   alejamiento
ethical   ético
ethnic   étnico
ethnic group   el grupo étnico
ethnicity   la etnicidad
ethnocentric   etnocéntrico
ethnocentrism   el etnocentrismo
evaluate   evaluar
evaluation   la evaluación
event   el evento
evolutionist   evolucionista
exaggeration   la exageración
exalted   exaltado
examine   examinar
excess   el excedente
excessive   excesivo
excessive growth   el crecimiento excesivo
exclusive   exclusivo
exclusive right   el derecho exclusivo
exert   ejercer
exhibition   la exhibición, la exposición
existence   la existencia
existing   existente
existing programs   los programas
   existentes
exogamy   la exogamia
expectation   la expectación, la expectativa
expenses   los gastos
experience   la experiencia
experiment   el experimento
experimental   experimental
experimental group   el grupo
   experimental
explain   explicar
explore   explorar
exposure   la exposición
expressive   expresivo
extended   extenso

extended family   la familia extensa
exterior   exterior
extinction   la extinción

F

face   confrontar
facial features   los rasgos faciales
facilitate   facilitar
fact   el hecho
factor   el factor
faculty member   el (la) docente
false   falso
false rumor   el rumor falso
fame   la fama
familiar   familiar
family   la familia
family counseling   la consejería familiar
family counselor   el consejero familiar
family member   el miembro de la familia
family system   el sistema familiar
Fascism   el fascismo
fashion   la moda
feature   el rasgo
fecundity   la fecundidad
federal   federal
federal government   el gobierno federal
federal penitentiary   la penitenciaría
   federal
feed   alimentar, dar de comer
felony   el delito menor
female   la hembra
feminine   femenino
feminist   feminista
feminist movement   el movimiento
   feminista
fertile   fértil
fertility   la fertilidad
feudalism   el feudalismo
fight   la lucha
fill out a form   llenar un formulario
finance company   la compañía de
   finanzas
finances   las finanzas
financial   financiero
financial help   la ayuda financiera
fine   la multa
firing   el despido
fixed   fijo
flexibility   la flexibilidad

flexible   flexible
focus   el foco
focus   enfocar
focusing   el enfoque
folklore   el folklore
food stamp   el cupón alimenticio
forbid   prohibir
force   la fuerza
forecast   el pronóstico
foreign relations   las relaciones exteriores
forest   el bosque
form   la forma
formal   formal
formulate   formular
foster   de crianza
foundation   la fundación
free   gratuito
free on probation   en libertad probatoria
free public education   la educación
   pública gratuita
freedom   la libertad
freeing (of slaves)   la manumisión
fulfill   cumplir
full-time   a tiempo completo
full-time employment   el trabajo a tiempo
   completo
function   la función
function   funcionar
functional   funcionalista, funcional
functioning   el funcionamiento
fundamental   fundamental
funds   los fondos
funeral   el funeral
future   el futuro

G

gambling   los juegos de azar
game   el juego
gamut   la gama
gang   la banda
gather   compilar, reunir
gene   el gen
general   general
generalization   la generalización
generalized   generalizado
generalized belief   la creencia
   generalizada
generation   la generación
geographic   geográfico

geographical area   el área geográfica
gesture   el ademán, el gesto
get   conseguir
get divorced   divorciarse
get drunk   emborracharse
get married   casarse
give birth   dar a luz
goal   la meta
goods   los bienes
goods and services   los bienes y servicios
government   el gobierno
government program   el programa
  gubernamental
governmental   gubernamental
graduation   la graduación
gratis   gratis
group   el grupo
group   agrupar
group experiences   las experiencias de
  grupo
group member   el miembro del grupo
group method   el método de grupo
group (pertaining to)   grupal
group therapy   la terapia de grupo
group work   el trabajo de grupo
grow   crecer
growth   el crecimiento
growth rate   la tasa de crecimiento
guidance   la orientación
guide   la guía
guide   guiar
guilt   la culpabilidad
guilty (person)   el (la) culpable

H

habitat   el hábitat
habitual   habitual
half   la mitad
halfway house   el hogar vigilado
hallucinogen   el alucinógeno
harm   dañar, perjudicar
harmed one   el perjudicado
harmful   dañino, nocivo
harmful effects   los efectos dañinos
hashish   el hachís
have weight   tener peso
head of household   la cabeza de casa, la
  cabeza de familia
health   la salud

hearing   la audiencia
heart   el corazón
help   la ayuda
help   ayudar
hereditary   hereditario
heroin   la heroína
heterosexual   heterosexual
hidden   escondido
hierarchy   la jerarquía
home   el hogar
home-care helper   el auxiliar médico-
  doméstico
homeless person   el desamparado, la
  persona sin hogar
homicide   el homicidio
homogeneous   homogéneo
homosexual   homosexual
honest   honesto
horizontal   horizontal
horizontal mobility   la movilidad
  horizontal
hospital   el hospital
hostility   la hostilidad
house   alojar
housecleaning   la limpieza
household chores   los quehaceres
  domésticos
housing   la vivienda
human   humano
human behavior   el comportamiento
  humano
human being   el ser humano, el humano
human survival   la supervivencia humana
hunger   el hambre *(f)*
husband   el marido
hygiene   la higiene
hygienic   higiénico
hypothesis   la hipótesis

I

idea   la idea
identical   idéntico
identify   identificar
identity   la identidad
ideology   la ideología
illegal   ilegal
illicit   ilícito
illicit drug   la droga ilícita
illiteracy   el analfabetismo

illiterate   analfabeto
illness   la enfermedad
image   la imagen
imitate   imitar
immediate   inmediato
immigrant   el (la) inmigrante
immigrate   inmigrar
immigration   la inmigración
impact   el impacto
impede   impedir
impediment   el impedimento
impersonality   la impersonalidad
impetus   el ímpetu
implement   implementar
implicit   implícito
importance   la importancia
important   importante
impose   imponer
imposition   la imposición
imprisonment   el encarcelamiento
improve   mejorar
improvement   el mejoramiento
impulse   el impulso
in confidence   en confianza
in sociological terms   en términos
   sociológicos
in trouble   en apuros
inaccurate   inexacto
inappropriate   inapropiado
inappropriate conduct   la conducta
   inapropiada
inbreeding   la endogamia
incapacitated   incapacitado
incapacitation   la incapacitación
incapacity   la incapacidad
incest   el incesto
incidence   la incidencia
inclined to   ser propenso
income   el ingreso; las rentas
incompatible   incompatible
incorporate   incorporarse
increase   el aumento
increase   aumentar
increment   el incremento
increment   incrementar
independent   independiente
individual   el individuo
individual   individual
industrial   industrial

industrialized   industrializado
industrialized countries   los países
   industrializados
industry   la diligencia; la industria
inequality   la desigualdad
infallibility   la infalibilidad
infancy   la infancia
infant mortality   la mortalidad infantil
infantile   infantil
influence   la influencia
influence   influir
informal   informal
information   la información, los informes
infraction   la infracción
infringe   infringir
ingenuity   el artificio
inhabitant   el (la) habitante
inherit   heredar
inheritance   la herencia
initiate   iniciar
injustice   la injusticia
innocence   la inocencia
innocent   inocente
innovation   la innovación
inspire   inspirar
institution   la institución
institutionalize   institucionalizar
instrumental   instrumental
insulin   la insulina
insurance   el seguro
intake worker   el (la) asistente de
   admisión
integrate   integrar
intellectual   intelectual
intellectual stimuli   los estímulos
   intelectuales
intelligence   la inteligencia
intentional   intencional
interact   interactuar
interaction   la interacción, la
   interactuación
interactive   interactivo, interaccionista
interest   el interés
interfere   interferir
intergenerational   intergeneracional
intermediate   intermedio
intermediate step   el paso intermedio
internal   interno
internal migration   la migración interna

internal order   el orden interno
internalize   internalizar
international   internacional
interpret   interpretar
interrogation   el interrogatorio
intervene   intervenir
intervention   la intervención
interview   la entrevista, la interviú
interview   entrevistar
intimate   íntimo
intragenerational   intrageneracional
invalid   el inválido
invariable   invariable
invention   el invento
invest   investir, invertir
investigate   investigar
investigation   la investigación
investiture   la investidura
invincible   invencible
involve   envolver, involucrar
involved   envuelto
invulnerability   la invulnerabilidad
irrigation   la irrigación

J

jail   la cárcel
jail population   la población penal
jailing   el encarcelamiento
job   la tarea
join   ligar; afiliarse
joke   el chiste
judge   el juez
judgment   el juicio
judicial   jurídico, judicial
judicial system   el sistema jurídico, el sistema judicial
jump   el salto
justice   la justicia
justo   fair
juvenile   juvenil
juvenile conference committee   el comité de consulta juvenil
juvenile delinquent   el (la) delincuente juvenil
juvenile offender   el ofensor juvenil

K

key position   la posición clave
killing   la matanza

know-how   el conocimiento
knowledge   el conocimiento

L

label   rotular
labeling   la rotulación, el señalamiento
labor   el trabajo, la labor
labor force   la fuerza laboral
labor movement   el movimiento laboral
labor negotiations   las negociaciones laborales
labor (pertaining to)   laboral
laboratory   el laboratorio
lack   la falta
lack of opportunities   la falta de oportunidades
language   el idioma, el lenguaje
larceny   el hurto
last   perdurar
lasting   duradero
latent   latente
law   la ley
lawsuit   el juicio, el pleito
lawyer   el abogado
lead   conducir
leader   el líder
learn   aprender
learning   el aprendizaje
learning problems   los problemas de aprendizaje
lease   arrendar
leave   dejar
legal   legal
legal impediment   el impedimento legal
legal system   el sistema legal
legislative   legislativo
legitimacy   la legitimidad
legitimate   legitimar
legitimate   legítimo
legitimate authority   la autoridad legítima
level   el nivel
liberation   la liberación
liberation theology   la teología de liberación
life-style   el estilo de vida
limit   el límite, el extremo
limit   limitar
line   la línea

literature   la literatura
live births   los nacimientos vivos
local   local
local jail   la cárcel local
location   la ubicación
lodging   el alojamiento
look   la mirada
loss   la pérdida
loss of control   la pérdida de control
love   el amor
lower   inferior
lower class   la clase baja
lower status   el status inferior
lungs   los pulmones
luxury item   el artículo de lujo
lynching   el linchamiento

M

macrosociology   la macrosociología
magazine   la revista
maintain   mantener
maintain order   mantener el orden
maintenance   el mantenimiento
maintaining order   el mantenimiento del orden
majority   la mayoría
male   el varón
male adult   el varón adulto
manager   el administrador, el gerente
mania   la manía
manifestation   la manifestación
manipulate   manipular
manpower   la mano de obra
manufacturing   la fabricación
manufacturing enterprise   la empresa fabril
margin   el (la) margen
marginal   marginal
marginal person   el marginado
marijuana   la marihuana
marital status   el estado civil
marriage   el matrimonio
marriage counselor   el consejero matrimonial
masculine   masculino
mass   la masa
mass communication (media)   la comunicación de masas, la comunicación masiva

master's degree   la maestría
master's degree in social work   la maestría en trabajo social
material   material
maternal   materno
maternal side (line)   matrilinear
matriarchal   matriarcal
matriarchal society   la sociedad matriarcal
maturity   la madurez
maximum   el máximo
meaning   el significado
means   los medios
means of communication   los medios de comunicación
means of mass communication   los medios de comunicación masiva
measure   medir
medical   médico
medical advances   los adelantos médicos
medical emergency   la emergencia médica
medical insurance   el seguro médico
medical school   la facultad de medicina
medical treatment   el tratamiento médico
medicine   la medicina
meeting   la reunión
member   el miembro
mental defect   el defecto mental
mental illness   la enfermedad mental
mental institution   la institución mental
mental perception   la percepción mental
mental retardation   el atraso mental
merchant   el mercader
message   el mensaje
metal   el metal
method   el método
methodology   la metodología
metropolis   la metrópoli
microsociology   la microsociología
middle class   la clase media
middle manager   el gerente de nivel intermedio
migrant worker   el trabajador migratorio el labrador migratorio
migration   la migración
migratory   migratorio
milieu   el medio
military dictatorship   la dictadura militar

minimum   el mínimo
minimum age   la edad mínima
minor   el (la) menor de edad
minor infraction   la infracción menor
minor offender   el ofensor menor
minority   minoritario
minority group   el grupo minoritario
mirror self-image   el sí mismo reflejo
misdemeanor   el delito menor
miss   faltar
mistreatment   el maltrato
mob   la muchedumbre, la turba
mobility   la movilidad
model   el modelo
modernization   la modernización
modernization process   el proceso de
   modernización
modify   modificar
mold   moldear
momentum   el ímpetu
monarchy   la monarquía
monetary   monetario
monetary compensation   la
   compensación monetaria
moral   moral
moral code   el código moral
mores   las costumbres
morphine   la morfina
mortality   la mortalidad
mortality rate   la tasa de mortalidad
motivate   motivar
motivation   la motivación
motive   el motivo, el móvil
movement   el movimiento
municipal   municipal
municipal government   el gobierno
   municipal
municipality   el municipio
murmur   murmurar
mutual   mutuo

N
narcotic   el narcótico
nation   la nación
nation-state   la nación-estado
national   nacional
natural   natural
natural habitat   el hábitat natural
natural resources   los recursos naturales

nausea   las náuseas
need   la necesidad
needy (person)   el necesitado
negative   negativo
negative impact   el impacto negativo
neglect   el descuido, el abandono
neglected child   el niño abandonado
negotiation   la negociación
neighbor   el vecino
neighborhood   la vecindad, el barrio
network   la red
neutrality   la neutralidad
newspaper   el periódico
nicotine   la nicotina
noble   el (la) noble
norm   la norma
normal   normal
normal functioning   el funcionamiento
   normal
notable   notable
nuclear   nuclear
nuclear family   la familia nuclear
nucleus   el núcleo
nudism   el desnudismo
nutrition   la nutrición

O
obedience   la obediencia
obey   obedecer
object   el objeto
objective   el objetivo
objective reality   la realidad objetiva
objectivity   la objetividad
obligation   la obligación
obligatory   obligatorio
obligatory retirement   el retiro
   obligatorio
oblige   obligar
observe   observar
obtain   obtener, conseguir
obvious   manifiesto, obvio
occasional   ocasional
occupation   la ocupación
occupational   ocupacional
occupational rehabilitation   la
   rehabilitación ocupacional
of age   mayor de edad
offend   ofender
offender   el ofensor

offense la ofensa
oil el petróleo
old age la vejez
old-age home el hogar para ancianos
old person el anciano
oligarchy la oligarquía
only sólo; único
opium el opio
opportunity la oportunidad
oppose oponer
opposition la oposición
opt optar
option la opción
order el (la) orden
order mandar
organ el órgano
organism el organismo
organization la organización
organized organizado
organized crime el crimen organizado
orient oneself orientarse
orientation la orientación
orphan el huérfano
orphanage el orfanato
ostracism el ostracismo
out on parole en libertad bajo palabra
outside afuera, fuera
outstanding sobresaliente
outward migration la migración
  internacional
overpopulation la superpoblación, la
  sobrepoblación

P

pain el dolor
panic el pánico
paperwork el papeleo
paraprofessional el (la) paraprofesional
parents los padres
parole la libertad bajo palabra
parole officer el (la) oficial bajo palabra
part-time a tiempo parcial
participate participar
participation la participación
particle la partícula
particular particular
party la parte
pass judgment pronunciar juicios
passive pasivo

past el pasado
paternal paterno
paternal and maternal sides (lines)
  bilinear
paternal side (line) patrilinear
patient el (la) paciente
patriarchal patriarcal
patriarchal society la sociedad patriarcal
pattern el patrón
payment of damages el pago de daños
peaceful pacífico
peaceful demonstration la manifestación
  pacífica
peasant el campesino
penal penal
penal code el código penal
penal system el sistema penal
penalty la penalidad
penitentiary la penitenciaría
people el pueblo, la gente
people's rights los derechos del pueblo
perception la percepción
period el período
period of profound social change el
  período de profundo cambio social
periodically periódicamente
permanent permanente
permanent residence la residencia
  permanente
perpetual perpetuo
perpetuate perpetuar
persistent persistente
person la persona
personal personal
personal crisis la crisis personal
personality la personalidad
personnel el personal
perspective la perspectiva
persuade persuadir
persuasion la persuasión
perversion la perversión
pesticide el pesticida
phenomenon el fenómeno
physical and mental health la salud
  física y mental
physical defect el defecto físico
physical illness la enfermedad física
physical milieu el medio físico
physical mistreatment el maltrato físico

physical rehabilitation   la rehabilitación física
physical size   el tamaño físico
physiotherapy   la fisioterapia
pillaging   el saqueo, la depredación
place   ubicar
plague   la peste
planning   el planeamiento, la planificación
play the role   hacer el papel
plundering   el saqueo
policy   la política
political   político
political activities   las actividades políticas
political party   el partido político
politics   la política
poll   la encuesta
pollution   la contaminación
populate   poblar
population   la población
population change   el cambio poblacional
population composition   la composición poblacional
population density   la densidad poblacional
population (pertaining to)   poblacional
portion   la porción
position   la posición
positive   positivo
possess   poseer
possession   la posesión
possessions   los bienes
possessor   el poseedor
posture   la postura
potency   la potencia
poverty   la pobreza
poverty line   el umbral de pobreza
power   el poder, la potencia
practice   la práctica
practice   practicar
precept   el precepto
predict   predecir
predispose   predisponer
predominant   predominante
prejudice   el prejuicio
prelate   el prelado
preparation   la preparación

prepare   preparar
preschool   preescolar
prescription drugs   las drogas recetadas
press   la prensa
pressure   presionar
prevail   prevalecer
prevalent   prevaleciente
prevent   prevenir
prevention   la prevención
preventive   preventivo
priest   el sacerdote
primary   primario
primary deviation   la desviación primaria
primate   el primado
principal   principal
prison   la prisión
prison sentence   la sentencia de prisión
prisoner   el prisionero
private   privado, particular
private enterprise   la empresa privada
private foundation   la fundación privada
private property   la propiedad privada
private sector   el sector privado
privilege   el privilegio
probation   la libertad probatoria, la libertad condicional
probation officer   el (la) oficial de probación
probationary   probatorio
problem   el problema
process   el proceso
process   procesar
procreative   procreador
produce   producir
production   la producción
profession   la profesión
professional   profesional
professional crime   el crimen profesional
professional practice   la práctica profesional
professional woman   la mujer profesional
profound   profundo
prognosis   el pronóstico
program   el programa
progress   el progreso
progress   progresar
prohibit   prohibir
project   el proyecto
prolific   prolífico

prolonged   prolongado
promotion   el fomento
prone   propenso
propel   dar impulso
propensity   la propensión
property   la propiedad
proposal   la propuesta
prostitution   la prostitución
protection   la protección
protest demonstration   la asonada
prove   probar
provide   proveer
provision   la provisión
psychiatric   psiquiátrico
psychiatrist   el (la) psiquiatra
psychoactive   psicoactivo
psychological   psicológico
psychological help   la ayuda psicológica
psychologist   el psicólogo
psychotherapy   la psicoterapia
psychotropic   psicotrópico
public   público
public assistance   la asistencia pública
public consent   el consentimiento del pueblo
public event   el evento público
public health   la salud pública
public sector   el sector público
public servant   el empleado público, el siervo del pueblo
public transportation   el transporte público
public welfare   el bienestar público
publicity campaign   la campaña publicitaria
punish   castigar
punishment   la pena, el castigo
punitive   punitivo
purpose   el propósito

Q

qualitative   cualitativo
quantitative   cuantitativo
questionnaire   el cuestionario
quick drop   el descenso abrupto

R

race   la raza
racial   racial

racial discrimination   la discriminación racial
racial equality   la igualdad racial
racism   el racismo
radicalization   la radicalización
radio   la radio
radioactive   radiactivo
radioactive waste   los desechos radiactivos
rain   la lluvia
raise the consciousness   levantar la conciencia
random sample   la muestra al azar
range   la gama
rank   el rango
rape   la violación sexual
rate   la tasa
rational   racional
react   reaccionar
reaction   la reacción
reality   la realidad
recession   la recesión
reciprocal   recíproco
recommend   recomendar
recommendation   la recomendación
recovery   la recuperación, el restablecimiento
recreation   el recreo
recreational   recreativo
recuperation   la recuperación
reduce   reducir
reentry into society   la reintegración a la sociedad
reevaluation   la reevaluación
reference   la referencia
reference group   el grupo de referencia
reform   la reforma
reform   reformar
reformist   reformista
regime   el régimen
register   registrar
regulate   regular
regulation   el reglamento
regulatory   regulatorio
regulatory agencies   las agencias regulatorias
rehabilitation   la rehabilitación
rehabilitation program   el programa de rehabilitación

reintegrate   reintegrar
reintegration   la reintegración
related by blood   consanguíneo
relation   la relación
relationship   la relación
relative   el pariente
relativity   la relatividad
release   el despido
religion   la religión
religious   religioso
remorse   el remordimiento
rent   arrendar
reorganize   reorganizar
replacement   el reemplazo
replenishment   el abastecimiento
represent   representar
representation   la representación
representative   el (la) representante
representative   representativo
representative individuals   los individuos
   representativos
repress   reprimir
repressive   represivo
reproduce   reproducir
reproduction   la reproducción
reproductive   reproductivo, reproductor
reproductive age   la edad reproductiva
reputation   la reputación
require   requerir
research   la investigación
research techniques   las técnicas de
   investigación
researcher   el investigador
reside   residir
residence   la residencia
resist   resistir
resistance   la resistencia
resistance to change   la resistencia al
   cambio
resolution   la resolución
resort to   recurrir a
resources   los recursos
respect   respetar
responsibility   la responsabilidad
rest home   la casa de convalecencia
restlessness   la inquietud
restore   reintegrar
result   el resultado
retarded   atrasado

retire   retirar
retired   jubilado, retirado
retirement   el retiro
return   regresar
revoke   revocar
revolution   la revolución
revolutionary   revolucionario
ridiculous   ridículo
riot   el motín
rite   el rito
road   el camino
robbery   el hurto, el latrocinio, el robo
role   el rol
role borrowing   el préstamo de rol
role change   el cambio de roles
role conflict   el conflicto de roles
role transition   la transición de roles
routine   la rutina
ruin   arruinar
rule   la regla
rule   regir
rumor   la murmuración
runny nose   la nariz que moquea
rural zone   la zona rural

S

sacrificed   sacrificado
salary   el salario
sample   la muestra
sanatorium   el sanatorio
sanction   la sanción
satisfaction   la satisfacción
satisfy   satisfacer
saving   el ahorro
scandal   el escándalo
scarcity   la escasez
scene   la escena
school   la escuela
school (pertaining to)   escolar
school drop-out rate   la tasa de deserción
   escolar, la tasa de abandono de la
   escuela
science   la ciencia
scientific   científico
scientific method   el método científico
scientific study   el estudio científico
search   la búsqueda
season   la temporada
seasonal   temporal

seasonal unemployment   el desempleo
  temporal
secondary   secundario
secondary deviation   la desviación
  secundaria
secretly   a escondidas
sector   el sector
sedative   el sedante
segment   el segmento
select   seleccionar
self-control   el autocontrol
self-help   la autoayuda
self-image   el sí mismo, la autoimagen
self-sufficiency   la autosuficiencia
sense   el sentido
sense of purpose   el sentido de propósito
sentence   la sentencia, la condena
sentence   sentenciar, condenar
separate   separar
separate oneself   apartarse
series   la serie
series of behaviors   la serie de
  comportamientos
serious   grave, serio
serious infraction   la infracción grave
service   el servicio
set off   estallar
sewer system   el alcantarillado
sex   el sexo
sex roles   los roles sexuales
sexism   el sexismo
sexual   sexual
sexual abuse   el abuso sexual
sexual equality   la igualdad sexual
sexual orientation   la orientación
  sexual
sexuality   la sexualidad
shakes   los temblores
share   compartir
shortage   la escasez
sign   la señal, la indicación
similar   similar
similarity   la semejanza
single-parent home   el hogar con sólo un
  padre
situation   la situación
size   el tamaño
skill   la destreza
skilled laborer   el trabajador calificado

skin   la piel
slave   el esclavo
slavery   la esclavitud
social   social
social and political power   el poder social
  y político
social assistance   la asistencia social
social behavior   el comportamiento social
social class   la clase social
social control   el control social
social gathering   la tertulia
social inequality   la desigualdad social
social institution   la institución social
social mobility   la movilidad social
social movement   el movimiento social
social network   la red social
social norm   la norma social
social policy   la política social
social position   la posición social
social role   el rol social
social sciences   las ciencias sociales
Social Security   el Seguro Social
social services   los servicios sociales
social situations   las situaciones sociales
social sphere   la esfera social
social stratification   la estratificación
  social
social structure   la estructura social
social ties   los vínculos sociales
social work   el trabajo social
social worker   el trabajador social, el (la)
  asistente social
social world   el mundo social
socialism   el socialismo
socialist   socialista
socialization   la socialización
socialization agent   el (la) agente de
  socialización
socialize   socializar
socialized   socializado
society   la sociedad
socioeconomic   socioeconómico
socioeconomic level   el nivel
  socioeconómico
sociological   sociológico
sociological experiment   el experimento
  sociológico
sociological perspectives   las perspectivas
  sociológicas

sociologist el sociólogo
sociology la sociología
solidarity la solidaridad
solution la solución
solve resolver
source la fuente
source of food la fuente de alimentos
specialist el (la) especialista
specialization la especialización
specific específico
specification la especificación
specify especificar
speech el habla *f*
sphere la esfera
spontaneous espontáneo
spontaneous demonstration la
    manifestación espontánea
sporadic esporádico
spouse el (la) cónyuge, el esposo
stability la estabilidad
stable estable
stable background el antecedente estable
standard of living el nivel de vida
state el estado
state government el gobierno estatal
state of mind el estado de ánimo
state penitentiary la penitenciaría estatal
state (pertaining to) estatal
state property la propiedad del Estado
statistics la estadística
status el status
statute el estatuto
steal robar
stem from radicar
step el paso
stimulant el estimulante
stimulate estimular
stimulus el estímulo
strategy la estrategia
stratification la estratificación
strength la fuerza
stress el estrés
strict estricto
strike la huelga
structural estructural
structural mobility la movilidad
    estructural
structure la estructura
structured estructurado

study el estudio
study estudiar
style el estilo
subculture la subcultura
subgroup el subgrupo
subject el sujeto; el tema
subjective subjetivo
submit someterse
subordinate subordinado
subordinate position la posición
    subordinada
subsidize subvencionar
subsidy la subvención
subsistence la subsistencia
subsistence level el nivel de subsistencia
substance la sustancia
subtle sutil
suburb el suburbio
success el éxito; el logro
suffrage el sufragio
suggest sugerir
suggestibility la sugestionabilidad
superhuman sobrehumano
superior superior
supernatural sobrenatural
superstition la superstición
supervise supervisar
supervision la supervisión
support el apoyo, el sostén, la
    manutención
support apoyar
surplus el superávit
survey la encuesta
survival la supervivencia
survive sobrevivir
susceptible susceptible
swear word la palabra malsonante, la
    mala palabra
symbol el símbolo
system el sistema
systematic sistemático
systematic study el estudio sistemático

T
taboo el tabú
take care cuidar
talented talentoso
task la tarea
tax system el sistema de contribuciones

taxes los impuestos, las contribuciones
teach enseñar
teacher el (la) docente
teaching la enseñanza
team el equipo
team of specialists el equipo de
 especialistas
teary eyes los ojos llorosos
technical técnico
technique la técnica
technological tecnológico
technological advances los adelantos
 tecnológicos
technology la tecnología
television la televisión
temporal temporal
temporary temporero, temporal
tendency la tendencia
tension la tensión
term el término
terrain el terreno
territory el territorio
theft el robo
theory la teoría
therapy la terapia
thievery el hurto, el latrocinio
threaten amenazar
tie el lazo, el vínculo
tie ligar
tied ligado
title el título
tobacco el tabaco
tolerance la tolerancia
topographic topográfico
total total
total gamut la gama total
totalitarian totalitario
totality la totalidad
trade trocar
tradition la tradición
traditional tradicional
traffic el tránsito
traffic control el control de tránsito
training center el centro de
 entrenamiento
trait el rasgo
tranquilizer el tranquilizante
transfer el traslado
transformation la transformación

transition la transición
transmission la transmisión
transmit transmitir
transportation el transporte
treatment el tratamiento
trial el proceso
tribal tribal
tribe la tribu
trivial trivial
tropical tropical
tropical forest el bosque tropical
troubled child el niño inadaptado
type el tipo

U

unacceptable inaceptable
unavoidable inevitable
uncontrolled incontrolado
under court protection bajo la
 protección de la corte
under the custody of the state bajo la
 custodia del estado
underage menor de edad
underdeveloped subdesarrollado
underlying subyacente
understanding el entendimiento
unemployed (person) el desempleado
unemployment el desempleo
unfortunate person el desafortunado
uniformity la uniformidad
uninhabited deshabitado; yermo
union el sindicato, la unión
university degree el título universitario
university (pertaining to) universitario
unpredictable impredecible
unskilled laborer el trabajador no
 calificado
untouchable (person) el (la) intocable
unwed (single) mother la madre no
 casada, la madre soltera
upkeep la manutención
uprising el motín
urban urbano
urban center el centro urbano
urban population la población urbana
urban school district el distrito escolar
 urbano
urbanization la urbanización
usage el uso

use   valerse de
usual   usual
utilitarian   utilitario

V

vague   vago
vague expectation   la expectación vaga
valid   válido
value   el valor
value system   el sistema de valores
variable   la variable
variation   la variación
variety   la variedad
vehicle   el vehículo
verbalized   verbalizado
vertical   vertical
vertical mobility   la movilidad vertical
vested interests   los intereses creados
victim   la víctima
victimless   sin víctima
victimless crime   el crimen sin víctima
violate   violar
violation   la violación
violence   la violencia
violent   violento
violent acts   los actos violentos
violent crime   el crimen violento
vocational   vocacional
vocational counselor   el consejero vocacional
volatile   volátil
volatile state   el estado volátil
voluntary   voluntario
vulgar   malsonante

W

war   la guerra
war on poverty   la guerra contra la pobreza
waste   el desecho

watch   vigilar
way   la manera
wealth   la riqueza
wealthy class   la clase acomodada
wedding   la boda
weight   el peso
welfare   la asistencia social; el bienestar
well-being   el bienestar
white collar   el cuello blanco
white-collar worker   el trabajador de «cuello blanco»
whole   el conjunto
wife   la mujer, la esposa
will   la voluntad
willingly   voluntariamente
withdrawal symptoms   los síntomas de abstinencia
within   adentro, dentro
without judgment   sin juicio
witness   el (la) testigo
women's liberation   la liberación femenina
work   el trabajo
work force   la fuerza laboral
work (pertaining to)   laboral
worker   el trabajador
working class   la clase obrera
working mother   la madre que trabaja
world   el mundo
worry   la preocupación

Y

youth   el (la) joven
youth center   el centro de juventud
youth organizations   las organizaciones para jóvenes

Z

zone   la zona

INDEX